AQA Spanish
ANSWERS & TRANSCRIPTS

A LEVEL
YEAR 2

OXFORD
UNIVERSITY PRESS

OXFORD
UNIVERSITY PRESS

Great Clarendon Street, Oxford, OX2 6DP, United Kingdom

Oxford University Press is a department of the University of Oxford.
It furthers the University's objective of excellence in research,
scholarship, and education by publishing worldwide. Oxford is a
registered trade mark of Oxford University Press in the UK and in
certain other countries

British Library Cataloguing in Publication Data
Data available

978-0-19-844603-3

9 10 8

Paper used in the production of this book is a natural, recyclable
product made from wood grown in sustainable forests.
The manufacturing process conforms to the environmental
regulations of the country of origin.

Printed and bound by CPI Group UK Ltd, Croydon, CR0 4YY

Cover photograph: Robert Harding

Contents

1 | La inmigración

1.1 A: Los beneficios y los aspectos negativos

Introductory spread

1 El mapa muestra los países de donde vienen los inmigrantes a España. ¿Por qué crees que vienen muchos latinoamericanos a España? ¿Qué les atrae? ¿De qué otros países vienen?

Points that could be mentioned:

- Immigrants from Latin America have a common language and culture, as well as historical or family connections. Many are attracted by the greater work and study opportunities Spain offers.
- Other countries of origin include European countries such as the UK, France, Germany, Italy, Russia and Romania; African countries such as Morocco and Nigeria; and countries in the Far East such as China.

2 Sin usar un diccionario, ¿cuántas de estas palabras conoces? Compara tus respuestas con las de un(a) compañero/a.

1 to risk   2 the hope   3 coming from   4 to survive
5 to seek political asylum   6 a boat   7 foreigners
8 retirement   9 inhabitants   10 to seek refuge

3 Lee la información en "¿Lo sabías?" y decide si las frases son Verdaderas (V), Falsas (F) o No mencionadas (N).

1 V   2 F   3 N   4 N   5 V   6 N

4 Completa el texto escogiendo la palabra más apropiada de la lista de abajo.

1 celebra   2 establecido   3 llegada   4 protección
5 domicilio   6 libertades   7 establecer   8 granito
9 sean   10 adquisitivo

5 Lee de nuevo el texto de la actividad 4. Empareja cada palabra con su sinónimo.

1 d   2 g   3 a   4 c   5 b   6 e   7 f

6 Answers will vary.

---

1 Mira esta viñeta y contesta las preguntas en español.

Suggested answers

- Various sectors can be seen: construction, hospitality and catering, caring for the elderly.
- These are jobs that many natives don't want to do, so these sectors would no longer have any staff.
- It can be seen as both positive and negative: without immigrants, much of the work we take for granted would not get done, but it also shows how important immigrants are to a country's economy.

2a Lee el artículo y empareja los sinónimos de las palabras o frases de más abajo.

1 e   2 f   3 g   4 c   5 h   6 b   7 d   8 a

2b Lee las siete frases y elige las cuatro que se mencionan en el artículo.

1 4 5 7

3 Lee y traduce este texto al inglés.

Suggested answer

Mexico welcomes many qualified Spaniards fleeing the crisis in the hope of finding a better future in this country, where the economic prospects are positive despite the global slowdown. Today engineers, graduates, journalists and publicists are leaving Spain in search of job opportunities and Mexico has become a good destination for them. In the first half of this year, a few thousand Spaniards obtained work permits in Mexico.

4 Escucha este reportaje sobre Sara Ponce que decidió marcharse de España. Escribe un párrafo en español resumiendo lo que has entendido. No debes usar más de 90 palabras y debes incluir los siguientes puntos en tu resumen. Escribe usando frases completas y, en la medida de lo posible, debes utilizar tus propias palabras.

Points that could be mentioned:

- Her reasons for leaving: she had finished her studies and had had no luck in finding employment in Spain, despite a nine-month search.
- Her employment history: experience in the tourist industry and as a nanny.
- The reaction of her father: understands the situation is difficult but not happy and wanted her to stay in Spain because he would miss her.

Transcript

La gaditana Sara Ponce, de 28 años, es una de los 40.157 españoles que decidieron establecer su residencia fuera de su país natal. Después de terminar su licenciatura en Filología Inglesa y sin encontrar trabajo, decidió dejar España para irse a trabajar al extranjero y perfeccionar su inglés. Desde abril trabaja en un Starbucks en París en su tercera etapa como emigrante tras estancias en un complejo turístico en los Estados Unidos y como niñera en Irlanda.

"Busqué trabajo en España durante nueve meses y aunque mi padre me decía que tuviera paciencia decidí marcharme. Estaba descontento. Le hubiese gustado que me quedara pero sabe que la situación laboral es muy precaria aquí. Quiere lo mejor para mí pero reconoce que España sigue siendo el país con más jóvenes desempleados de Europa. Sé que me va a echar mucho de menos."

5a Mira las siguientes fotos y contesta las preguntas.

Suggested answers

- We learn tolerance and how to live in harmony. Taking the good from other cultures gives us more appeciation of life.
- Hispanic culture began in the 14th and 15th centuries with the great voyages from the Iberian peninsula. The culture of those who travelled to the New World influenced and mixed with the many different cultures of the Americas, for example those of the Aztecs and Maya in Mexico.
- Immigration enriches the culture of the host country; history teaches us that societies and transnational communities create bridges of understanding and productive relationships.

5b Answers will vary.

1.1 B: Los beneficios y los aspectos negativos

1 Lee el texto y decide si las siguientes frases son Verdaderas (V), Falsas (F) o No mencionadas (N).

1 V 2 F 3 V 4 V 5 N

2 Escucha a Odigie hablar del viaje que hizo su padre desde Nigeria a España. Lee las frases y elige la opción (*a*, *b* o *c*) correcta.

1 b 2 a 3 a 4 a 5 b

Transcript

— Hoy tenemos con nosotros a Odigie, un hijo de inmigrantes de segunda generación, cuyos padres llegaron a España hace quince años. Buenas tardes, Odigie. Dinos, ¿dónde vives actualmente?

— Vivo de alquiler en el sur de Madrid, con mi mujer y mis tres hijos, los tres nacidos, como yo, en España. Con los precios tan elevados que hay en la ciudad, nunca podré costearme mi propio piso.

— ¿Por qué decidieron tus padres venir a Europa?

— Mis padres decidieron buscar un futuro mejor en Europa. En su país, Nigeria, no lo había. La empresa maderera, en la que trabajaba mi padre en la ciudad de Benin hizo recortes y le despidieron. Tenía 20 años y cobraba 1.200 nairas al mes (unos 12 euros al cambio). Sin padres pero con varios hermanos, mi padre decidió marcharse de su pueblo, dónde no había ni luz ni agua. Me acuerdo perfectamente de la fecha de partida: el 24 de junio, su cumpleaños. Cinco meses y 5.000 kilómetros después llegó a Ceuta.

— Odigie cuéntanos cómo llegó a España tu padre.

— El viaje tuvo varias etapas. A pie y en vehículos. Cada vez que pasaba de un país a otro lo debía hacer a escondidas. En el camino conoció a compañeros que no lograron terminar el viaje. Desafortunadamente, me cuenta mi padre que tuvo que vivir mucha muerte. Comía de las sobras que le daba la gente. Una noche la Policía marroquí le robó el dinero. Es la única mafia que conoció. Una noche muy lluviosa, que no había guardias, saltó la valla de Ceuta por una zona que estaba en obras. Una vez en Ceuta, el traslado a la península fue cosas de días. Unos meses después vino mi madre.

— ¿Y tú? Al ser hijo de inmigrantes, ¿te sientes español o no?

— Es difícil decir. Soy español porque nací aquí, pero aún sufro mucho acoso racista.

— ¿En qué trabajas ahora?

— He trabajado como agricultor, en la construcción y como soldador en las obras del Metrosur. Ahora llevo mucho tiempo en paro. Trabajo en lo que me sale para mantener a mi familia.

— Pues muchas gracias Odigie por estar con nosotros hoy.

3 Traduce las siguientes frases.

Suggested answers

1   España necesita inmigrantes porque tiene una tasa de natalidad baja.
2   Muchos inmigrantes trabajan en la economía sumergida del país.
3   Se dice que algunas compañías explotan a los inmigrantes.
4   A veces, los inmigrantes viven en condiciones precarias y sufren de una falta de derechos básicos.
5   La inmigración enriquece la cultura del país receptor.

4a Lee este artículo y busca todos los ejemplos del verbo en presente.

detalla   se encuentran   viajan   presenta   padecen   realizan   se suma

4b Lee el artículo de nuevo y responde a las preguntas en español de forma breve y concisa. No es necesario hacer frases completas para todas las respuestas.

1   una patera con 52 personas
2   Es una embarcación neumática con un motor de 40 caballos de potencia.
3   La mayoría presenta buen estado de salud, pero una docena padecen de insolación.
4   un avión de rescate y una embarcación
5   cerca de la costa de El Ejido

5 Escucha este reportaje sobre los beneficios de la inmigración. Escribe un párrafo en español resumiendo lo que has entendido. No debes usar más de 90 palabras y debes usar tus propias palabras.

Points that could be mentioned:

•   What immigrants offer to the labour market: although many say immigrants take away jobs or cause low pay, the truth is that they do jobs that native people are reluctant to take.
•   The increase in cultural diversity they bring to society: in gastronomy, availability of exotic products, culture.
•   Their use of the health service: hardly used compared to natives; only emergency services are used more.

Transcript

Y ahora, en nuestro programa, hablamos de los beneficios de la inmigración.

Primero, algunos se han quejado de que cada vez más puestos de trabajo son ocupados por inmigrantes. Muchos dicen que esto disminuye los salarios y que despilfarran el dinero de la Seguridad Social. Sin embargo, de lo que no se da uno cuenta es que los trabajos que toman los inmigrantes son aquellos que la gran mayoría de los nativos no quieren tomar.

Segundo, la inmigración aumenta la diversidad de productos, lo cual es algo que muchas personas disfrutan. El movimiento migratorio se ve representado en más restaurantes étnicos donde cenar, más centros culturales para disfrutar y un fácil acceso a aquellos productos que sólo se encontraban en los países donde se producen o cultivan.

Para terminar, está demostrado que la población inmigrante, lejos de abusar de los servicios sanitarios, hace un uso muy inferior. Por ejemplo, los extranjeros consultan un 7% menos al médico de cabecera que los españoles, y un 16,5% menos al médico especialista. Sólo la utilización de los servicios de urgencias es superior entre los inmigrantes a la de los autóctonos.

6 Answers will vary.

1.2 A: La inmigración en el mundo hispánico

1 Answers will vary.

2a Antes de leer el texto, empareja las palabras.

1 d   2 f   3 a   4 e   5 b   6 c

2b Lee el texto de nuevo y empareja las dos partes de las frases siguientes. ¡Cuidado! Sobran segundas partes.

1 d   2 a   3 g   4 e   5 c

3 Lee el texto y responde a las preguntas en español con la información necesaria, de forma breve y concisa. No es necesario hacer frases completas para todas las respuestas.

1   porque es un pueblo español habitado solo por colombianos
2   Probaron suerte en ciudades como Madrid o Barcelona.
3   Cuando llegó al pueblo no le gustó.
4   students' own response
5   students' own response

4 Escucha este reportaje. Luego, escribe un párrafo en español resumiendo lo que has entendido. No debes usar más de 90 palabras y debes usar tus propias palabras.

Points that could be mentioned:

- The characteristics of Hispanic people in the USA: they have their own cultural, religious and linguistic identity but also want to be part of the political process.
- Enormous importance as consumers, work in service industry and agriculture, own companies and have important roles in the music industry and Spanish-language media.
- The example of Mexico: significant numbers of Mexicans in the USA, live in south-west ('Mexifornia').

Transcript

Con un 17% de la población, más de 55 millones de personas, los hispanos son la minoría más numerosa de los Estados Unidos. No existe otro grupo de inmigrantes tan abundante y que tenga una identidad cultural, religiosa y lingüística semejante. Además, quieren participar en la vida política y buscan lograr una mayor representación en la sociedad estadounidense. La población latina se convierte en una demográfica muy importante durante las elecciones.

Con un poder adquisitivo estimado en 1,5 billones de dólares al año, los hispanos son muy importantes para la economía estadounidense. Tienen una gran presencia en el sector servicios (sobre todo en la gastronomía) y en la agricultura. Además, hoy en día lideran 1,2 millones de pequeñas y medianas empresas, ocupan puestos importantes en el sector de la música y cuentan con medios de comunicación propios de habla hispana como el diario "Nuevo Herald" o el canal televisivo "Univisión". Estas empresas no solo dan trabajo a hispanohablantes sino que también refuerzan los vínculos que suelen mantener los inmigrantes con sus países de origen.

Un ejemplo que vale la pena señalar es México ya que la población mexicana representa el 14% de la población total de los Estados Unidos. Geográficamente, los hispanos se concentran en la zona sudoeste del país. Hoy en día hay tantos mexicanos en esta zona, como en California donde suponen casi la mitad de la población y que ha sido rebautizada como "Mexifornia". Otro dato interesante es, sin embargo, que desde 2009 el número de mexicanos que se ha vuelto a México es superior al de mexicanos que han ido a los Estados Unidos. Una de las razones de este cambio es por querer volver a estar con la familia.

1.2 B: La inmigración en el mundo hispánico

1 Contesta estas preguntas con tu compañero/a.

Points that could be mentioned:

- Because of their location, the Canary Islands and the two Spanish enclaves in North Africa have harboured many waves of historical immigration. The Spanish Empire, one of the first global empires and one of the largest in the world, spanned all inhabited continents and throughout the years people from these lands emigrated to Spain in varying numbers. In the 1960s/70s, Spain became a country of emigrants with many people heading to northern Europe or countries in Latin America. From the 1990s, Spain started to receive more and more immigration until its peak in 2010/11, when over 10% of the population were immigrants. Nowadays, many Spaniards are again leaving the country to find their fortune, mainly due to the economic crisis.
- Possible problems could be lack of opportunities (e.g. in housing, jobs), racism, language barriers, the inability to integrate into the country's culture/society therefore sometimes creating ghettos. Also the way immigrants are treated in the press can lead to prejudices.

2 Escucha las cinco entrevistas. Apunta los siguientes datos para cada persona.

		País de destino	Motivos para dejar su país
1	Susana	España	Huir de las guerrillas
2	Marco	Los Estados Unidos	El ásilo político
3	Laura	El Reino Unido	Mejorar la calidad de vida de su familia
4	Alfredo	Argentina	El hambre/La falta de oportunidades
5	Marina	Uruguay	Por su trabajo

Transcript

— ¡Hola! Buenos días. Bienvenidos a nuestro programa. Hoy hablaremos de la inmigración. Empezamos con la participación de cinco personas que han dejado su tierra y que nos explicarán sus razones.

— ¡Hola! Me llamo Susana. Hace unos años que salí de Colombia para España. Vine aquí con mi esposo y mi hijo a causa de las guerrillas que mi país sufrió desde muchos años.

— Buenos días. Soy Marco. Dejé Cuba para ir a los Estados Unidos por asilo político contra la represión del régimen castrista.

— Mi nombre es Laura. Me marché del Ecuador para el Reino Unido para mejorar la calidad de vida de mi familia.

— Soy Alfredo y huimos de España a Argentina hace mucho tiempo por la falta de oportunidades que mi familia y yo sufrimos en los años 40 después de la guerra civil española.

— ¡Hola! Me llamo Marina y salí de Portugal para Uruguay por mi trabajo. Tuve la oportunidad de abrir una nueva sucursal de la empresa internacional donde trabajo.

3 Lee este artículo y decide si las frases son Verdaderas (V), Falsas (F) o No mencionadas (N).

1 N 2 V 3 F 4 V 5 V

4 Traduce al español este texto.

> **Suggested answer**
>
> Después de llegar a España con mi esposa desde la República Dominicana, decidimos que la mejor cosa que se podía hacer era integrarse plenamente en la comunidad. Al principio, como ya podíamos hablar español encontramos la vida un poco más fácil. Aún así, todavía nos enfrentamos a cuestiones complicadas, especialmente cuando decidimos solicitar la residencia española. El problema es que acabo de perder mi trabajo y el único dinero que entra en casa es lo que gana mi mujer. Ahora estamos luchando para llegar a fin de mes. Espero que la situación cambie pronto.

5 Escucha la historia de Alberto, un español de la provincia de Navarra, que vino a Chile como niño. Lee las frases y elige la opción (*a, b o c*) correcta.

1 b 2 a 3 b 4 a 5 a 6 c

> **Transcript**
>
> Me llamo Alberto y a los ocho años llegué a Chile con mi padre. Como otros muchos inmigrantes, mi padre decidió dejar España en busca de una vida mejor y por eso nos marchamos a una zona cerca de los Andes, a unas horas de Santiago donde vivían unos familiares. Con el dinero que mi padre había ahorrado en España, se compró un pequeño terreno con 100 ovejas y se construyó una casa de madera para vivir.
>
> No muy lejos vivía una comunidad indígena. En esa zona estuvimos unos cinco años y allí mi padre conoció a Luisa, la que sería su segunda esposa. El clima era muy duro, los inviernos eran rigurosos y los veranos ventosos. Luisa y mi padre tuvieron dos hijos; mis hermanastros.

Luego llegó la crisis, y al no encontrar trabajo, mi padre y Luisa decidieron trabajar por su cuenta. Así que, mi padre llevó a la familia a casa de los padres de Luisa en su camión y nos instalamos en un galpón durante un año. Allí, se ganaban la vida cultivando, haciendo pan, criando vacas lecheras y ovejas. Producían lo necesario para sobrevivir y alimentarnos a todos nosotros. Lo que sobraba mi padre lo llevaba al mercado y lo vendía. Poco a poco ahorraron dinero hasta que pudieron arrendar un terreno a un latifundista en una zona donde había varios paisanos españoles.

Al mejorar la situación y después de permanecer unos años allí, decidimos trasladarnos a otro pueblo cercano donde había mejores perspectivas. Allí mi padre construyó la casa donde aún vivo yo con mi mujer y con nuestros hijos. Con el tiempo, mi padre pudo aumentar el negocio, hasta que llegó a tener una de las granjas más hermosas de la provincia. Creo que fueron mi infancia en el campo y el fuerte vínculo con la tierra, los que influyeron grandemente en mi decisión de estudiar Geología en la universidad.

6 Lee este poema del poeta y dramaturgo, Juan Antonio Cavestany que nació en Sevilla en 1861. En "Canto a la Argentina", se refiere a quienes han dejado sus tierras en busca de paz y prosperidad. Busca las palabras que tengan el mismo significado.

1 triste 2 hallan 3 atravesando 4 anhelo 5 escoger
6 enseñaba 7 libertad 8 fuente 9 rico 10 guardado
11 sustento

7 Con tu compañero/a discute las siguientes preguntas.

> **Points that could be mentioned:**
>
> Communication would not be a barrier as Spanish would be a common language between people of the two countries. Opportunities were more plentiful in South American countries during this period as Spain had just gone through a Civil War (1936–39) and therefore poverty was a major problem. Other countries that Spaniards emigrated to were Argentina, Mexico, Cuba, Uruguay, Chile, Colombia and Peru.

1.3 A: Los indocumentados – problemas

1a Lee los cuatro textos y busca las palabras/frases.

1 hambrientos 2 una revisión de rutina 3 el conductor
4 ingresar/entrar 5 una patera 6 se hundió
7 sobrevivientes 8 El Estrecho 9 debería recibir
10 la población autóctona 11 que se empadronan
12 acceder a 13 asesoramiento jurídico
14 auxiliaron/ayudaron 15 travesía 16 trasladar

1b Lee los textos de nuevo y contesta las siguientes preguntas.

1 Es el número de indocumentados que la policía mexicana detuvo en un camión.

2 Estaban hambrientos y deshidratados.

3 porque quieren ingresar en Estados Unidos

4 Provocó la muerte de por lo menos seis personas.

5 Confesaron que habían pagado unos 1.000 euros a los contrabandistas para que los guiaran a través del Estrecho.

6 El objetivo es integrar a los nuevos residentes con la población autóctona.

7 Los indocumentados pueden acceder a medidas de asistencia social, que incluyen vivienda gratuita, tarjeta sanitaria, asesoramiento jurídico para tramitar residencias y beneficios sociales de hasta 435 euros mensuales.

8 Habían estado en un barco tras largas horas de travesía en el mar.

9 Les dieron agua y comida. A algunos, los veraneantes les trasladaron a centros asistenciales.

1c Traduce el primer texto "Un camión lleno de indocumentados" al inglés.

Suggested answer

A lorry full of illegal immigrants

Mexican police said that they stopped 289 hungry and dehydrated illegal immigrants in a lorry. They were discovered during a routine search in the state of Durango. Police detained the vehicle because the driver appeared suspicious and when they stopped him the officers heard shouts and bangs from the immigrants in the interior of the vehicle.

Thousands of illegal immigrants cross Mexico every year trying to reach the northern border and enter the United States.

2 Escucha este reportaje que habla de Teresa y decide cuáles de las siguientes afirmaciones son las cuatro correctas.

2 3 5 7

Transcript

Teresa Moreno vive en un piso en el barrio de Tetuán, en Madrid, una zona de gran diversidad cultural donde residen muchos inmigrantes, especialmente latinos. Esta ecuatoriana vino a España en el año 2000 con mucha ilusión en la maleta y pensó que estaría de regreso en dos o tres años con bastante dinero ahorrado. Sin embargo, la situación que encontró en España fue muy diferente.

Como muchas mujeres inmigrantes no tenía papeles y encontró trabajo en el sector doméstico, un sector en el que la mayoría de trabajadoras son inmigrantes. Comenzó cuidando de personas mayores por periodos cortos de tiempo. Cuenta que estaba intentando conseguir los papeles por arraigo y que el mismo día que le iban a conceder la tarjeta, falleció la señora a la que estaba cuidando. Nos cuenta, "yo fui a hablar con la hija y me dijo que como se había muerto su mamá, que ya no podía firmar mis papeles. Yo le decía a la señora: 'aunque sea usted me contrata de nuevo, me firma… y yo pago las cuotas de la Seguridad Social'. Pero ella decía que no. Y como yo, hay muchas que se han quedado sin papeles". Tras varios intentos consiguió la tarjeta de residencia, pero hasta ese momento la posibilidad de que la deportaran había estado siempre presente.

3 Traduce este texto al español.

Suggested answer

La verdadera magnitud del problema de la inmigración ilegal no se puede calcular, pero se estima hasta la fecha que 19 millones de personas en todo el mundo se han visto obligados a abandonar sus hogares, y otros 42.000 se suman a este número cada día. Miles de inmigrantes esperanzados acampan fuera de las fronteras españolas fortificadas de Ceuta y Melilla, intentando ganar y ahorrar el dinero suficiente para el peligroso viaje a Europa. Los más desesperados han tratado de usar métodos peligrosos y, a menudo mortales, para evadir el control de fronteras, lo cual explica lo absolutamente desesperada que es su situación.

4 Traduce estas frases al español.

Suggested answers

1 Como inmigrante, nunca me he sentido cómodo en este país.

2 Khalid no habría dejado su país sin saber los riesgos.

3 Sin la inmigración, el Producto Interior Bruto del país habría descendido.

4 En algunos sectores, España no habría tenido la mano de obra suficiente para mantenerse.

5 En el futuro, el número de inmigrantes habrá aumentado.

5 Mira esta viñeta y con tu compañero/a y contesta las preguntas.

> **Suggested answers**
> - in a hospital/clinic/A&E department
> - They won't attend to him in the hospital because he is illegal.
> - He cuts his leg.
> - She is surprised.
> - students' own responses

1.3 B: Los indocumentados – problemas

1 Lee las siguientes preguntas y emparéjalas con las respuestas.

1 d 2 b 3 a 4 e 5 c

2 Después de leer el texto decide si las siguientes frases son Verdaderas (V), Falsas (F) o No mencionadas (N).

1 N 2 N 3 F 4 V 5 N

3 Escucha este reportaje. Haz un resumen usando tus propias palabras. Escribe unas 90 palabras en español.

> **Points that could be mentioned:**
> - Who was involved: five illegal immigrants were killed and 21 injured; the dead haven't been identified.
> - What witnesses said: the vehicle was going too fast; when it crashed another lorry picked up the driver and fled the scene.
> - What is mentioned about the train known as 'La Bestia': many of the 200,000 people want to cross the border travel on this train; the Mexican government is trying to put a stop to this by means of an initiative known as 'Frontera Sur'.

> **Transcript**
>
> Cinco indocumentados perdieron la vida en México y otros 21 resultaron heridos cuando se volcó la camioneta en la que se trasladaban rumbo a los Estados Unidos, informó el Instituto Nacional de Migración. Sin embargo, las autoridades no han podido identificar a los fallecidos y únicamente han obtenido referencias a través de los lesionados.
>
> "Los testimonios revelan que los migrantes viajaban con un presunto traficante de personas que conducía

a exceso de velocidad y que era escoltado por otra camioneta con varios sujetos, que tras el accidente recogieron al chofer y desaparecieron", indicó la institución en un comunicado.

Cada año, unos 200.000 sin papeles ingresan en México por su frontera con Guatemala para llegar a Estados Unidos, muchos de ellos montados en un tren de carga apodado "La Bestia".

Tras una crisis humanitaria en Estados Unidos por el arribo masivo de niños indocumentados, el gobierno de México puso en marcha en julio un programa llamado "Frontera Sur" con el objetivo de impedir a los migrantes subir a "La Bestia".

4 Escribe las siguientes frases cambiando la palabra subrayada.

1 se escapan 2 expulsa 3 ingresar 4 exige, aceptar
5 refugio, indocumentados 6 pedir

5 Lee este texto sobre el tren "La Bestia" y contesta las preguntas.

1 porque un huracán destruyó las vías

2 a pie

3 las autoridades migratorias

4 Quiere conseguir una prótesis para su brazo izquierdo.

5 Le fue amputado por el tren.

6 Significa la posibilidad de tener un trabajo.

7 Tienen un efecto directo en la vida de sus familias y en las economías locales.

8 Aumenta la tasa de criminalidad en las localidades mexicanas.

6 "Los políticos que quieren limitar la entrada de inmigrantes son racistas. Usan a los inmigrantes como chivo expiatorio para los problemas que el país sufre." ¿Cómo respondes a esta afirmación? Contesta la pregunta, escribiendo unas 300 palabras.

> **Points that could be mentioned:**
> In many countries, the press and those against immigration try to blame immigrants for anything that might go wrong with the country, even going as far as saying that some are terrorists. Therefore, by politicians trying to limit immigration they are in effect stopping a human being's right to free travel and opposing their desire to make a better life for themselves and their family.

Repaso: ¡Demuestra lo que has aprendido!

1 Estas palabras y frases pertencen al tema de "la inmigración". Emparéjalas con su definición.

1 f 2 l 3 i 4 n 5 b 6 d 7 o 8 a
9 m 10 p 11 h 12 e 13 k 14 c 15 g 16 j

2 Usando el vocabulario de la actividad 1, rellena los huecos con la palabra o frase apropiada.

1 permanecer
2 la fuga de cerebros
3 el país receptor
4 Integrarse
5 el mercado sumergido
6 una patera

3 Empareja las dos partes de las siguientes frases.

1 c 2 a 3 e 4 b 5 d

4 Lee las siguientes frases y decide si son Positivas (P), Negativas (N) o las dos (P+N).

1 N 2 P 3 N 4 P+N 5 P 6 N

Repaso: ¡Haz la prueba!

1 Traduce este texto al español.

Suggested answer

La policía española reporta que ha descubierto / una red que regularizaba ilegalmente / el estatus laboral de los inmigrantes chinos en España. Detuvieron casi sesenta personas en varias ciudades / de todo el país en una operación nocturna. /

Los ciudadanos chinos que vivían ilegalmente en España / pagaban miles de euros cada uno para obtener / documentos falsos como trabajadores en restaurantes o en el sector doméstico. / A cambio recibieron permisos de residencia. /

Según el Instituto Nacional de Estadística / actualmente, los inmigrantes chinos son la quinta comunidad extranjera en España.

2a Lee este artículo y decide si las siguientes frases son Verdaderas (V), Falsas (F) o No mencionadas (N).

1 F 2 F 3 V 4 N 5 V 6 N

2b Lee de nuevo el artículo de la actividad 2a "Amor y bodas falsas". Escribe un párrafo en español resumiendo lo que has entendido. No debes usar más de 90 palabras y debes incluir los siguientes puntos en tu resumen.

Points that could be mentioned:

- What happened to Ismael: married a Moroccan woman he didn't know for money (€900); bride didn't attend the wedding, a drunk woman took her place.
- What happened in the magistrate's court: another three Moroccan women got married to Spanish men in return for money in order to get a residence permit.
- Operation 'Faraón': trying to stop this fraud and have arrested the organisers of the fake weddings; now Latin American men are also involved.

3 Lee este extracto del libro "Las voces del Estrecho" de Andrés Sorel. Luego contesta las preguntas en español.

1 Se dirigió hacia el lugar del naufragio en busca de un cuerpo.
2 unos pescadores
3 Lo contemplaba horrorizado.
4 a la altura del Cabo de Gracia
5 Serían engullidos por el mar.

4 Traduce las siguientes frases al español. ¡Escoge los tiempos de los verbos con cuidado!

Suggested answers

1 Las autoridades han detenido a tres refugiados sirios en Valencia / mientras se preparaban para atracar un centro comercial.
2 Debido a la ignorancia de la gente, / los ataques hacia los inmigrantes aumentan.
3 Entre 2009 y 2014, España acogió a más inmigrantes / que cualquier otro país europeo.
4 Anoche, la Guardia Civil rescató a / más de 1.000 inmigrantes del Mediterráneo.
5 En el 2000, tres días de disturbios en El Ejido / dejaron hasta 50 trabajadores inmigrantes heridos.
6 Al llegar a España, muchos inmigrantes / se encuentran con pocas oportunidades.
7 A menudo he visto en mi barrio / pintadas racistas en las paredes.
8 El Ministerio del Interior español intenta/se plantea / deportar a inmigrantes ilegales.

5 Escucha este reportaje sobre el número de inmigrantes que llegó a España el año pasado. Rellena la información con una cifra.

1: 5.312   2: 5.443   3: 875   4: 31.678   5: 20.091   6: 0,5%
7: 8.069   8: 1.428   9: 9,6%   10: 10,7%

Transcript

El año pasado, llegaron a las costas españolas por medio de embarcaciones 5.312 inmigrantes irregulares. Esta cifra es algo inferior a la de 2011 que fue la más alta en años recientes cuando la cifra llegó a 5.443.

Aunque la tendencia este año es decreciente, se produjo un aumento de llegadas en Canarias, con 875 inmigrantes irregulares. Sin embargo, esta cifra está muy por debajo de la cantidad que llegó en 2006 a esta región cuando llegaron 31.678.

Por otra parte, el Ministerio del Interior realizó un total de 20.091 repatriaciones de inmigrantes irregulares. También las denegaciones de entrada se redujeron en un 0,5% respecto al año anterior, quedando en 8.069.

Las readmisiones, en cambio, experimentaron un aumento, hasta alcanzar las 1.428. Las devoluciones y expulsiones, por su parte, descendieron, las primeras en un 9,6%, y las segundas en un 10,7%.

6 Traduce este texto al inglés.

Suggested answer

Ilka maintains that [the threat of] deportation is a fact of daily life for her. / "It's something I've learned to live with. / That's why I don't get attached to a country and / neither do I make future plans, I don't even make medium-term plans because my situation as a person with no papers doesn't allow it. / Deportation will come sooner or later and it is something inevitable, / I have learned to live with that," adds Ilka. / "Having no documents guaranteeing legal residence / exposes people with no papers to countless stumbling blocks," explains Ilka, / who decided to leave Guatemala to seek better opportunities for herself and her family.

7 Empareja los títulos de los artículos con los resúmenes.

1 f   2 a   3 h   4 b   5 g   6 c   7 e   8 d

8 Lee la siguiente opinión. ¿Estás a favor o en contra? Piensa detenidamente y comparte tu opinión con tu compañero/a.

Suggested answer

In favour of immigration: people should be allowed into a country as they might be seeking political asylum due to persecution or looking to improve their lives. Furthermore, many immigrants do not use the social security system to get benefits but in fact put more into the system than they get from it, as they are younger and therefore less likely to rely on benefits.

Against immigration: some governments struggle to look after their own people and will find it hard to share their limited resources with immigrants.

9 Answers will vary.

2 El racismo

Introductory spread

1a Sin usar un diccionario, ¿cuántas de estas palabras conoces en inglés? Compara tus respuestas con las de un(a) compañero/a.

1 disgust   2 to reject   3 The immigration law
4 scorn/contempt   5 an ethnic group   6 gypsies
7 prejudices   8 awareness   9 to judge   10 complaints

1b Utilizando las palabras de la actividad 1a, completa las siguientes frases. ¡Cuidado! No necesitas todas las palabras.

1 repugnancia; desprecio   2 Ley de Extranjería
3 rechazar   4 prejuicios; sensibilización
5 denuncias; juzgar

2 Empareja las siguientes preguntas y respuestas.

1 c   2 f   3 g   4 a   5 d   6 b   7 e

3 Answers will vary.

4 Completa este texto sobre la Ley de Extranjería escogiendo la palabra más apropiada.

1 regula   2 fomentar   3 mínimo   4 mismo   5 para
6 irregular   7 normalizar   8 reagrupación
9 dignidad   10 hacia

2.1 A: Las actitudes racistas y xenófobas

1 Answers will vary.

2 Traduce las siguientes frases al español. Ten cuidado con la concordancia entre los nombres y los adjetivos.

> **Suggested answers**
>
> 1 Ningún inmigrante debería ser la víctima de actitudes racistas e insultos violentos.
>
> 2 A menudo algunos mensajes ofensivos hacia los inmigrantes son publicados en las redes sociales.
>
> 3 A veces los medios de comunicación ofrecen imágenes negativas de algunas minorías étnicas, lo que contribuye a aumentar los terribles prejuicios y las actitudes discriminatorias.
>
> 4 Ciertas fotos que vemos a veces en los periódicos locales y en las revistas nacionales son la fuente del rechazo y del odio hacia los extranjeros.
>
> 5 La mujer ecuatoriana que vive en mi edificio vino a España durante la crisis económica.

3a Escucha este extracto en el que hablan tres personas que han sido víctimas de actitudes racistas o xenófobas. Encuentra cómo dicen estas palabras o expresiones en español.

1 los invernaderos
2 me puse en contacto
3 desde que tenía seis años
4 ladrones
5 agresiones
6 cuyo dueño
7 anuncios
8 notaban mi acento

3b Escucha otra vez el extracto. Solo cuatro de las siguientes afirmaciones son correctas. Decide cuáles son.

The correct statements are 3, 5, 6, 9.

> **Transcript**
>
> — Me llamo Fátima. Hace dos años llegué a España de Marruecos. Al principio trabajé en el campo, en los invernaderos pero después decidí buscar otra

cosa. Tras consultar las ofertas de empleo en la prensa local, me puse en contacto con una señora que necesitaba una empleada de hogar. Durante la entrevista por teléfono, me hizo varias preguntas. Al decirle yo que era marroquí, dio por finalizada la entrevista.

— Me llamo Andrei y tengo 17 años. Soy rumano, de etnia gitana. Vivo con mi familia en Barcelona desde que tenía seis años. Aunque en general no tenemos problemas por nuestro origen, debo decir que lo pasé muy mal en el colegio de secundaria donde estudié. A menudo recibía insultos de algunos compañeros de clase. Me escribían notas anónimas con cosas como "no queremos ladrones aquí". Llegué incluso a sufrir agresiones como empujones y bofetadas en el recreo. Fue horrible.

— Me llamo Teresa y soy ecuatoriana. Tengo 32 años. Aunque ahora vivo en un piso de alquiler muy bonito, cuyo dueño es un español que vivió en México, he tenido infinidad de problemas para poder alquilar una vivienda. Encontraba anuncios de propietarios de pisos y cuando llamaba y notaban mi acento me decían "solo alquilo mi casa a españoles" o "ya tengo el piso alquilado".

4a Lee el texto y busca la traducción de estas frases o palabras.

1 que estaban pidiendo limosna
2 se produjo
3 los hinchas
4 para que tuvieran que arrodillarse
5 a cambio de
6 anonadadas
7 presenció el incidente
8 el revuelo

4b Contesta estas preguntas en español usando tus propias palabras en la medida de lo posible.

1 porque habían venido a España para un partido de fútbol de su equipo contra el Atlético de Madrid
2 Estaban pidiendo dinero. / Estaban mendigando.
3 bailar y hacer flexiones
4 Se quedó sorprendida, pero continuaron viendo el incidente.
5 porque se llevó a las mujeres de la zona pero no hicieron nada con los hinchas
6 Continuaron bebiendo y divirtiéndose. / Bebieron más y se divirtieron.

4c Traduce el segundo párrafo del texto al inglés de "Las mujeres" hasta "delante de ellos".

Suggested answer

The Romanian women approached the football fans to ask them for some coins. The normal reaction of a person if they want to help in those circumstances would be to put the money in their hand. However, the football fans, who had been drinking beer in some of the bars in the area, threw the coins on the floor so that the women had to kneel to get them. Some even offered them money if they danced or did press-ups in front of them.

2.1 B: Las actitudes racistas y xenófobas

1 Answers will vary.

2a Escucha el siguiente reportaje sobre la discriminación en las discotecas y encuentra el equivalente en español a las siguientes palabras o expresiones.

1 beber unas copas
2 el informe ha revelado
3 donde se hizo el estudio
4 rasgos faciales
5 iban vestidos
6 no fueron insultados

2b Escucha el reportaje otra vez y decide si las siguientes afirmaciones son Verdaderas (V), Falsas (F) o No mencionadas (N).

1 N 2 F 3 N 4 V 5 V 6 F 7 V

Transcript

Muchos jóvenes desean la llegada del fin de semana para ir a bailar y beber unas copas en una discoteca. Un informe de la organización SOS Racismo ha revelado la discriminación existente en algunas discotecas de las grandes ciudades españolas.

El informe indicó que en el 45% de las discotecas donde se hizo el estudio el personal de seguridad discriminó a las personas por sus rasgos faciales o su color de piel a la entrada de la discoteca.

Hubo cuatro parejas que participaron en el estudio de SOS Racismo: una pareja europea, otra magrebí, otra sudamericana y otra subsahariana. Todas ellas iban vestidas de forma similar. La pareja europea entró sin problemas en todas las discotecas. Las otras parejas encontraron dificultades. Aunque no fueron insultados, recibieron todo tipo de excusas para no permitirles la entrada.

El informe ha dejado boquiabiertos a muchos. La organización solo quería denunciar las actitudes xenófobas y racistas existentes en este campo.

3a Lee el siguiente texto sobre el racismo en el fútbol español y traduce al inglés el primer párrafo.

Suggested answer

Racism in Spanish football is nothing new and there have been some shameful cases in the last few years. From the monkey gestures made by a fan in a second division football match, even when there were children nearby, to fans from a team imitating monkey sounds when a Senegalese player from the opposite team was going to take a corner. Pepe Diop, the player who suffered this said later: "It is an issue that affects me a lot and I get it/they do it to me in many football grounds. It has to stop."

3b Haz un resumen del texto en 90 palabras utilizando tus propias palabras.

Points that could be mentioned:

- In recent years there have been many cases of racism in Spanish football, e.g. a fan making monkey gestures at a match in front of children and a player having to suffer fans making monkey noises.
- Dani Alves reacted with humour, took the banana and ate it.
- The campaign 'Somos todos macacos' was started by Dani Alves with a photo of himself eating a banana. To show their support and rejection of racism, other celebrities took photos of themselves doing the same.

4 Lee el siguiente poema de Federico García Lorca, titulado "Romance de la luna, luna" y contesta las preguntas.

1 la luna y un niño
2 Miedo – los versos son "Si vinieran los gitanos / harían con tu corazón / collares y anillos blancos". Esto indica daño/peligro con la llegada de los gitanos.
3 Lorca describe a los gitanos (two out of the following): en caballos /como jinetes / con las cabezas levantadas / y los ojos entornados.
4 Son vistos como un grupo que crea miedo en este mundo mágico de la luna y el niño.
5 For this last question, students could discuss their own views on how the gypsy community is seen in our society, with all the stereotypes and prejudices.

5 Answers will vary.

2.2 A: Las medidas contra el racismo

1 Answers will vary.

2a **Lee el siguiente texto sobre una campaña del gobierno español y decide cuáles son las cuatro afirmaciones correctas. ¡Cuidado! No aparecen en el orden en el que las lees en el texto.**

The correct statements are 3, 5, 7 and 8.

2b **Traduce el último párrafo del texto al inglés de "El propósito" hasta "sus sueños".**

> **Suggested answer**
>
> The government's aim was to tackle the discrimination that many people suffer in Spanish society, whether it is because of their gender, racial or ethnic origin, sexual orientation or disability. The campaign included a website which offered help sections for the victims. It also announced a video, picture and story competition, as well as a section titled 'Famous people without complexes', with the stories of several celebrities who suffered discrimination when they were young, and who encouraged young people to overcome those problems to achieve their dreams.

2c **Escribe un párrafo en español de unas 300 palabras expresando tu opinión sobre este tipo de campañas. ¿Crees que son efectivas entre el público joven como medida para luchar contra el racismo? ¿Se podrían mejorar incluyendo algo más?**

> **Points that could be mentioned:**
>
> • the fact that it was translated into different languages
>
> • the use of key words that can be discriminatory (e.g. *musulmán* or *sordo*)
>
> • the fact that it had a web page with videos, photos and stories
>
> • the fact that famous people contributed to the campaign
>
> • the competition element included in the campaign

3 **Escucha la siguiente noticia sobre el poder de la música contra el racismo y, según lo que oyes, decide cuál es la terminación correcta (a–c) para cada una de las frases.**

1 b 2 c 3 c 4 a 5 b

> **Transcript**
>
> Un grupo de música francés tocará este año en el Festival de Música de Todas las Naciones que se celebra cada dos

años en la ciudad de Guadalajara, en México. Uno de los componentes de la banda, el batería, comentó que quieren dar un concierto con energía y que la gente baile y cante con ellos. Éste será el primer festival en el que participen en México. A pesar de su fama en Francia, jamás habían tenido la oportunidad de tocar en América Latina.

Además de en francés, el grupo canta en español, inglés y árabe. Esto se debe a las raíces multiculturales de sus músicos. Dos miembros de la banda son franceses, otro es colombiano, otro griego y otro argelino. Ellos afirman que quieren dar un mensaje sobre la tolerancia. El cantante nos contó: "Nosotros podemos ser de diferentes orígenes, pero hacemos cosas positivas juntos. Luchamos contra el racismo de esta manera. Nuestras armas son la música y las letras".

4 **Traduce las siguientes frases al español.**

> **Suggested answers**
>
> 1 Esa organización se convertiría en la clave para luchar contra las actitudes islamófobas/islamofóbicas.
>
> 2 Su principal objetivo/meta sería eliminar la discriminación racial a través de campañas de sensibilización.
>
> 3 Los gobiernos necesitarían hacer mucho más para reducir el racismo en varios sectores de la sociedad.
>
> 4 Las encuestas no revelarían el verdadero número de víctimas del racismo entre los jóvenes.
>
> 5 La comunidad gitana no denunciaría siempre los ataques/las agresiones racistas contra ellos.

5 **Imagina que ves este mensaje en un cartel en tu colegio. Discute con un(a) compañero/a qué medidas pueden tomar los profesores y padres para luchar contra el racismo y la xenofobia. Debéis explicar y describir exactamente qué pasos o iniciativas deberían tomar los profesores en vuestro colegio y los padres en general.**

> **Points that could be mentioned:**
>
> • Teachers could include texts/video clips/adverts/films which are about racism/xenophobia in their lessons.
>
> • There could be school group debates/talks on the issue.
>
> • Parents can bring their children up to understand the importance of not discriminating against others.
>
> • Teachers could set up a competition in the school with the task of creating a poster or a blog that fights racism.
>
> • Creative writing competition – school newspaper article or diary.

2.2 B: Las medidas contra el racismo

1 Answers will vary.

2a **Lee el siguiente texto sobre el trabajo de una revista contra el racismo. Encuentra los sinónimos de las siguientes palabras que se utilizan en el texto.**

1 ocurre   2 apoyo   3 pueblos   4 contabilizado
5 organización   6 colectivos   7 mediante   8 miraba
9 preocupante   10 aplaudida

2b **Lee el texto otra vez y decide si las siguientes afirmaciones son Verdaderas (V), Falsas (F) o No mencionadas (N).**

1 F   2 V   3 N   4 N   5 V   6 V   7 F

2c **Haz un resumen de la información que aparece en el texto utilizando unas 90 palabras. Debes utilizar tus propias palabras en la medida de lo posible.**

> **Points that could be mentioned:**
>
> - In Spain far-right ideology does not have much support at a political level.
> - Neo-Nazis are organising demonstrations and attacking people of other races and ethnic origins.
> - An NGO has said that there are on average between four and six thousand cases of aggression or hate crime each year. It also added that the work of the media is very important in combatting these groups.
> - The magazine published a cartoon showing a Neo-Nazi demonstration presenting them as a 'plague'. Its intention was to make people aware of the worrying number of attacks in the country.

3 **Traduce al inglés el siguiente texto sobre los gitanos y la campaña "Conócelos antes de juzgarlos".**

> **Suggested answer**
>
> It is estimated that around 700,000 gypsies live in Spain. The figures also reveal that around 60% of them live in Andalucia.
>
> There are many surveys and studies that show that gypsies continue to suffer rejection by a considerable part of the Spanish population. Many have some stereotypes about this gypsy community. They consider them slum dwellers, flamenco lovers and that they live off committing crimes.
>
> With the slogan 'Get to know them before judging them', the Fundación Secretariado Gitano carried out a campaign to alert people to the intolerance and prejudices that the gypsy people often suffer.

4 **Escucha la noticia y responde en español a estas preguntas.**

1 Protestaron desnudas, mostrando los pechos.
2 mensajes de protesta
3 la escasa presencia de modelos afroamericanas en las pasarelas
4 la ciencia, la ingeniería y el cine
5 enfado y frustración
6 la modelo blanca y rubia
7 el talento

> **Transcript**
>
> Durante la Semana de la Moda de Brasil, 40 modelos negras decidieron protestar contra el racismo en el mundo de la moda de una forma muy singular: se desnudaron mostrando los pechos. Algunas incluso escribieron mensajes de protesta en su piel. El propósito de dicha acción fue denunciar la escasa presencia de modelos afroamericanas en las pasarelas. De la misma forma que ocurre en otros sectores laborales como en el mundo de la ciencia, la ingeniería o el cine, el racismo parece estar muy presente en el mundo de la moda.
>
> Tras dicha protesta en Brasil, otras muchas modelos han decidido desde entonces luchar contra esta discriminación en las redes sociales, tuiteando sus opiniones y mostrando su enfado y frustración. El tema se ha convertido en algo viral.
>
> Modelos tan exitosas como Naomi Campbell o Tyra Banks se quejan de que el prototipo más visto en las pasarelas del mundo occidental es la modelo blanca y rubia. Campbell ha dicho al respecto: "Deben escogernos por nuestro talento, no por el color de nuestra piel".

5 **Traduce las siguientes frases al español.**

> **Suggested answers**
>
> 1 Prohibir los mensajes racistas en las redes sociales es una medida clave para combatir los prejuicios.
> 2 En este momento, estamos trabajando en estos folletos sobre el multiculturalismo.
> 3 Deberían abordar las actitudes xenófobas en los colegios en lugar de / en vez de ignorar el problema. Es preocupante.
> 4 Antes de organizar un festival de la diversidad para este verano, planear otros eventos debe ser nuestra prioridad.
> 5 Les encanta cocinar comidas de diferentes culturas y compartirlas con sus hijos.

6 Discute el siguiente tema con un(a) compañero/a: "Los gitanos: ¿una comunidad tratada de manera justa?"

Points that could be mentioned:

- Many people reject the gypsy community because of the actions of a few. Some gypsies are involved in criminal activity – robberies, drug trafficking, prostitution, etc. – and some people think that all gypsies are the same.
- These attitudes can be changed through education and awareness campaigns. Parents must discuss the negative impact of this discriminatory attitude and encourage positive reactions towards people of any ethnic background.

2.3 A: La legislación anti-racista

1 La legislación antirracismo en los países hispánicos incluye muchos puntos. Aquí tienes algunos que están redactados en esa legislación. ¿Puedes emparejarlos para ver en qué consisten esas leyes?

1 f   2 e   3 c   4 b   5 a   6 d

2a Lee el siguiente texto sobre algunos instrumentos legales contra el racismo y la discriminación en España. Completa el primer párrafo con las palabras de la lista.

1 establece   2 iguales   3 prevalecer   4 raza   5 condición
6 extracto   7 previo   8 mismas   9 ser   10 forma

2b Traduce al inglés los delitos mencionados en la lista y penalizados por el Código Penal.

Suggested answers

a   To offend someone because of their race, nationality or religion

b   To belong to racist or xenophobic groups or organisations

c   To deny public services (e.g. health, education) to someone from another race or ethnicity

d   To discriminate against someone at work because of their race, nationality or religion

e   To carry out illegal trafficking of people

f   To threaten ethnic groups

3a Escucha este informe sobre el uso de símbolos racistas en España. Según lo que oyes, decide si las frases son Verdaderas (V), Falsas (F) o No mencionadas (N).

1 V   2 F   3 N   4 V   5 F   6 N

3b Haz un resumen del informe que has escuchado usando aproximadamente 90 palabras.

Points that could be mentioned:

- The use of Nazi or racist symbols is not prohibited in Spain. People can use such symbols on flags, T-shirts, posters or on the internet and it is not considered a crime.
- Someone can have a tattoo made with a Nazi symbol and this is not committing a crime.
- Nazi or xenophobic symbols are prohibited and penalised in sporting events, according to the Law against Racism which was approved in 2007.
- The use of such symbols at sporting events is considered a minor offence and only subject to a fine.

Transcript

En España los símbolos nazis no están prohibidos. Los expertos en la legislación contra la xenofobia confirman que el uso de esvásticas y otros símbolos racistas en una bandera, cartel, camiseta o en Internet no es castigado. Una persona puede incluso tatuarse un símbolo nazi en un lugar visible y eso no es considerado delito.

De esta forma, según los abogados expertos en la legislación antirracismo, cualquier persona puede llevar o exhibir símbolos claramente racistas, pero si no comete activamente ningún acto violento, como agresiones físicas o insultos a otros, esa persona puede pasearse tranquilamente y la policía no puede hacer nada.

Hay un único lugar donde la ley española sí contempla y castiga la utilización de símbolos nazis o xenófobos: los eventos deportivos. La "Ley contra la violencia, el racismo, la xenofobia y la intolerancia en el deporte" que fue aprobada en el 2007 lo prohíbe y lo sanciona. Sin embargo, el castigo es solo económico, es decir, lo consideran una infracción leve y solo pueden multar a la persona que use esos símbolos.

4 Traduce las siguientes frases al español. Necesitas usar verbos en futuro en cada una de ellas.

Suggested answers

1   Los clubs de fútbol no venderán entradas a los hinchas con antecedentes penales.

2   Esta nueva legislación anti-racista no va a mejorar nada para las minorías étnicas.

3   Los gobiernos de los países latinoamericanos harán más para luchar contra el racismo y la xenofobia.

4   Las autoridades prohibirán los mensajes racistas en las redes sociales para siempre.

5   Los jueces van a condenarle a cinco años de cárcel. No saldrá antes de entonces.

5a Answers will vary.

5b Answers will vary.

2.3 B: La legislación anti-racista

1a Empareja cada palabra o expresión inglesa con su equivalente en español.

1 d 2 g 3 b 4 f 5 a 6 c 7 e

1b Traduce el siguiente texto al español. Utiliza las palabras y expresiones de la actividad 1a.

> **Suggested answer**
>
> Colombia cambió su ley contra el racismo y la discriminación en 2011. A nadie se le puede negar el acceso a los servicios de sanidad/de salud, el empleo o las prestaciones del Estado simplemente por pertenece a una minoría étnica o una raza diferente. La ley ahora castiga con más mano dura cualquier conducta que conlleve daño físico o moral a alguien de distinta raza o nacionalidad. Las penas van de uno a tres años en prisión por ataques/agresiones racistas y discriminación. Defender los crímenes nazis del pasado puede significar/suponer hasta quince años en la cárcel. Según el presidente, la ley muestra el progreso que el país ha hecho con respecto a la inclusión de las diferentes minorías y grupos étnicos en la sociedad colombiana.

2a Lee el siguiente texto sobre la ley antirracismo en Bolivia. Encuentra los sinónimos de las siguientes palabras en el texto.

1 erradicar 2 campesinos 3 sufrido 4 aplaudida
5 la razón 6 publiquen

2b Según lo que dice el texto, decide cuáles son las cuatro afirmaciones correctas.

2, 4, 6, 8 are the correct statements.

3 Escucha las siguientes noticias sobre varios actos racistas y cómo han sido condenados. Responde a estas preguntas en español.

Primera noticia

1 unas mendigas rumanas
2 Atlético de Madrid
3 cinco
4 entre cinco y diez años sin entrar en el estadio holandés donde juegan / entre cinco y diez años sin acceso a entradas para otros partidos del equipo en el extranjero

Segunda noticia

1 Propinaron una paliza a dos inmigrantes. / Dieron una paliza. / Agredieron a dos inmigrantes.
2 uno sudamericano y otro paquistaní
3 Latas de cerveza
4 un joven español
5 entre dos y tres años

> **Transcript**
>
> Un equipo holandés identificó a cinco hinchas que habían viajado a Madrid desde Holanda para un partido contra el Atlético de Madrid. Esos hinchas habían insultado y humillado a unas mendigas rumanas en una plaza de la capital. El club ha decidido sancionar a los cinco seguidores con penas de entre cinco y diez años sin entrar en el estadio holandés donde juegan y sin acceso a entradas para otros partidos del equipo en el extranjero.
>
> Una jueza de Valencia ha condenado a un grupo de jóvenes racistas por propinar una paliza a dos inmigrantes: un hombre sudamericano y un hombre paquistaní. Los dos estaban vendiendo latas de cerveza en una plaza céntrica de la ciudad cuando el grupo de jóvenes se les acercó y empezó a insultarles. Cuando los dos inmigrantes empezaron a defenderse, los jóvenes les agredieron con patadas y golpes. Un joven español fue también agredido por intentar defender a los inmigrantes. Los jóvenes racistas han sido condenados a penas de entre dos y tres años de cárcel.

4 Answers will vary.

5 Answers will vary.

Repaso: ¡Demuestra lo que has aprendido!

1 Lee las palabras que has aprendido en este tema y emparéjalas con su equivalente en inglés.

1 e 2 m 3 q 4 g 5 p 6 l 7 n 8 c 9 b
10 a 11 d 12 f 13 o 14 h 15 k 16 i 17 j

2 Completa las siguientes frases escogiendo las palabras más apropiadas de la lista.

1 delitos 2 realizan, futbolistas 3 oenegés, combatir
4 agredidos 5 quejan, ser

3 Lee las siguientes posibles medidas contra el racismo y decide para qué se toman. Empareja cada medida con su objetivo.

1 c 2 b 3 a 4 e 5 d

4 Las leyes contra el racismo y la xenofobia en los países hispánicos quieren erradicar esas actitudes. Según lo que has aprendido, ¿cuál es la respuesta correcta (a–e) a las siguientes preguntas (1–5)?

1 c   2 e   3 b   4 a   5 d

Repaso: ¡Haz la prueba!

1 Lee el texto y decide si las siguientes frases son Verdaderas (V), Falsas (F) o No mencionadas (N).

1 N   2 V   3 F   4 V   5 V   6 F

2 Escucha la siguiente noticia sobre un ataque xenófobo y selecciona las cuatro frases correctas según lo que oyes.

2, 4, 6 and 8 are the correct statements.

> **Transcript**
>
> Un vecino de una localidad a las afueras de Sevilla ha denunciado ante la Policía Nacional un ataque racista y xenófobo contra su novia, una chica natural de Corea del Sur.
>
> La agresión ocurrió en el metro de Sevilla. Dos jóvenes se rieron e hicieron un comentario discriminatorio sobre la chica. Además de las burlas, también le lanzaron una moneda.
>
> El chico sevillano que denunció la agresión dijo que al ver lo que hicieron y dijeron los chicos a su novia él había recriminado su actitud a los chicos. Al parecer, uno de ellos se levantó y le dijo "¿Tú quién te crees que eres?" y luego le dio un fuerte manotazo en la cara.
>
> El autor de esta agresión era un joven de entre 20 y 25 años, con pelo rubio y corto. El altercado fue grabado por las cámaras de vigilancia y se espera identificar al autor y acusarle de amenazas y de un delito de odio.

3 Lee el artículo y haz un resumen usando un máximo de 90 palabras en español. Responde con frases completas.

> **Points that could be mentioned:**
> * Many people are now using the internet to post messages of hate against people of other races, ethnicities or religions. More than 80% of these threats or insults are not reported to the police.
> * The perpetrators feel they can remain anonymous and they can easily send their messages to thousands of people.
> * The lawyer mentions two cases, one against people of gypsy ethnicity and another against Muslims. In both cases the message was racist in nature. These are punishable by law, but it is difficult to identitfy the people responsible.

4 Lee el siguiente texto y complétalo escogiendo las palabras de la lista. ¡Cuidado! Sobran palabras.

1 protagonista   2 llamada   3 mismo   4 convierte
5 tez   6 cartel   7 apoyada   8 perfiles   9 comentarios
10 en   11 preocupaba   12 por

5 Traduce este texto al inglés.

> **Suggested answer**
>
> Despite the crisis in the last few years, many foreigners continue to choose Spain to (find) work. Surveys reveal that most Spanish people consider the arrival of foreigners as something acceptable, but more than 50% think that immigration is a problem. Those who suffer rejection the most are the illegal immigrants. Foreigners are discriminated against in many fields and one of those is legal. The Immigration Law has been changed several times in the last two decades. The NGOs that fight against racism and discrimination report that more and more discriminatory measures (or norms) have been included, above all with regard to the access of foreigners to public services.

6a Escucha esta noticia y, según lo que oyes, decide si estas afirmaciones son Verdaderas (V), Falsas (F) o No mencionadas (N).

1 V   2 F   3 N   4 V   5 N   6 F

6b Escucha otra vez la noticia y haz un resumen incluyendo los siguientes puntos. No debes usar más de 90 palabras.

> **Points that could be mentioned:**
> * It is a pioneering sentence because it treats xenophobic insults as a crime. The man was sentenced to four months in prison and told to pay €900 compensation to the victim.
> * He insulted one of the cashiers frequently over a period of time because she was Colombian. He used offensive language, accusing her of taking work away from others and saying she was inferior because of being South American. Other customers heard him expressing hatred of immigrants.
> * She said she had put up with the insults because she was scared of losing her job and didn't want any problems with the police.

> **Transcript**
>
> Una juez en Cataluña ha dictado una sentencia pionera. Ha condenado a un cliente de un supermercado a cuatro meses de prisión y a una indemnización de 900 euros. Es la primera sentencia que considera los insultos xenófobos como un delito contra la integridad moral.

Según la sentencia, el cliente iba al supermercado e insultaba a una de las cajeras por ser colombiana. La trabajadora del supermercado sufrió insultos y vejaciones durante más de un año. El hombre le decía a menudo y usando palabrotas y expresiones horribles que estaba quitando el trabajo a otros y que era inferior por ser sudamericana. Al parecer, otros clientes también oyeron decir al hombre: "Odio a los inmigrantes".

La juez recuerda que la chica colombiana había declarado que, aunque sufría cuando el hombre la insultaba delante de los otros clientes, lo había aguantado por miedo a perder su trabajo y porque no quería meterse en problemas con las autoridades policiales.

- Students should also show concern with regard to the attitude of parents and their children at school when they mix with children from migrant families. This should be discussed at length, focusing on the importance of multicultural classrooms as a place where children can learn from each other.
- In general, in answer to the last question, students are expected to mention the fact that foreigners are welcome in Spain, but there are people who have prejudices about them and see them as something negative for the country. Still, these people are in the minority.

7 Estudia los párrafos 1 y 3 de la actividad 3 y traduce al español el siguiente texto.

Suggested answer

Hasta hace unos años los insultos y las amenazas racistas no eran comunes en Internet. Tristemente en años recientes los delitos de odio se han convertido en algo más frecuente en el ciberespacio. Las autoridades y los expertos aseguran/afirman que en la mayoría de los casos estos delitos no son denunciados/no se denuncian. Por lo tanto, el Internet continúa siendo la plataforma que permite que esos mensajes racistas sean anónimos.

Está claro que el gobierno necesita acelerar el proceso para introducir cambios drásticos a la ley.

8 ¿Son los españoles tolerantes y abiertos con otras razas y nacionalidades? Utiliza tus conocimientos sobre el racismo y la xenofobia en España (incluido lo que has aprendido sobre las medidas existentes contra esta lacra y la legislación anti-racista). Considera estas cifras, publicadas por el CIS (Centro de Investigaciones Sociológicas) y luego discute las siguientes preguntas con un(a) compañero/a o tu profesor (a).

Points that could be mentioned:

- Students are expected to discuss how concerning both figures given are. On the one hand, that nearly 50% of Spanish people reject gypsies shows a lack of tolerance towards other races and ethnicities. Students are expected to mention issues such as how stigmatised the gypsy community is due to the actions of a few, who – mostly in desperation – end up in the world of crime.

9 Answers will vary.

3 # La convivencia

Introductory spread

1 Answers will vary.

2 Answers will vary.

3 Con la ayuda de Internet u otros recursos busca: la población de España hoy en día; información sobre la composición étnica del país; el número de hablantes de cada uno de los idiomas cooficiales.

47 million

Castilian Spanish 74.4%; Catalan 16.9%; Galician 6.4%; Basque 1.6%; other 0.7%

Catalan about 10 million; Basque about 700,000; Galician about 2.5 million

4 Después de leer "¿Lo sabías?" decide si las afirmaciones son Verdaderas (V), Falsas (F) o No mencionadas (N).

1 F 2 N 3 V 4 V 5 V 6 V 7 V

5 Utilizando la imagen, explica con tus propias palabras qué significan estas estadísticas sobre la población indígena de México.

1 la población indígena en México*
2 el porcentaje de personas que hablan Tzeltal
3 el porcentaje de indígenas analfabetas de 8 a 14 años
4 el porcentaje de indígenas que trabajan como jornaleros o peones

*Statistics vary for the current population of indigenous Mexicans, but this is the approximate figure taken from official recent surveys.

3.1 A : La convivencia de culturas

1 Lee el texto y escoge la palabra o frase más apropiada.

1 acogedor
2 A lo largo de; étnicos; la península; trayendo
3 proporcionado; diversas
4 influencia
5 en vigor; objetivo; ciudadanos

2 Escucha la entrevista sobre la convivencia y selecciona las tres frases correctas.

The correct sentences are 1, 4 and 6.

Transcript

— Para vosotros, ¿es importante que exista una convivencia de culturas y por qué?

Sofía

— Para mí sí es importante. Cada nación tiene su propia cultura, creencias y perspectiva del mundo. Estas diferencias enriquecen nuestra vida haciéndola más colorida e interesante, aunque admito que a veces puede ser un verdadero desafío porque los conflictos son inevitables.

Felipe

— Depende de las culturas, pero en general, si somos abiertos, podemos llegar a comprender una perspectiva diferente pero no es siempre fácil y hay tensiones entre varios grupos.

Carlota

— Convivir con personas de otras culturas nos ayuda a conocer sus costumbres, comparar y sacar provecho de las características más positivas. El intercambio de alimentos y la lengua en todo el mundo se ha vuelto muy importante. En mi barrio hay una mezcla de nacionalidades y por eso hay muchos restaurantes étnicos que me encantan.

Eduardo

— Es importante ser tolerante con los puntos de vista de otras personas; tener un entendimiento de lo que les motiva y, de donde vienen, cuáles son sus historias, y su futuro. Al fin y al cabo, somos todos iguales con las mismas preocupaciones.

Raquel

— Bueno, la convivencia de culturas nos enseña todo: comportamientos culturales, costumbres, idiomas, formas distintas de entender la vida. Podemos aprender a pensar con originalidad. Yo creo que es imprescindible que aprendamos a ver el multiculturalismo como una gran oportunidad.

Daniel

— Yo prefiero vivir en un barrio donde solo haya gente como yo. Es que no comparto los valores de otras nacionalidades. Yo creo que hay demasiada inmigración.

3 Mira la caricatura de la izquierda y trabaja con un(a) compañero/a.

Suggested answers

- La caricatura indica que hay una lengua común hablada por todos pero además hay tres otras lenguas que no se comparten – es decir: el catalán, el vascuence y el gallego.
- Gales – galés e inglés; Suiza: francés, alemán, italiano y romanche; Bélgica – francés y flamenco
- Gales sí; Bélgica sí; Suiza no
- Sí, porque enriquece la cultura / si hablas dos idiomas es más fácil aprender un tercero. / No, porque debe ser difícil para los niños / es divisivo / fomenta ideas de independencia.

4 Traduce este párrafo al español.

Suggested answer

España es un país multilingüe en el que el castellano (o español), el catalán, el euskera y el gallego son idiomas cooficiales. Todas estas lenguas están reconocidas junto con el castellano en sus respectivas regiones: el catalán en Cataluña y las Islas Baleares, y en la Comunidad Valenciana donde tiene el nombre de valenciano; el euskera en el País Vasco y en las partes vascoparlantes de Navarra; y el gallego en Galicia. Es fundamental que las lenguas convivan juntas y que nunca sean un motivo de división ni rechazo sino de respeto mutuo y unión. El plurilingüismo suma más que resta y enriquece un país más que lo empobrece.

5a Lee el texto y contesta las siguientes preguntas.

1 en el sureste; Alicante, Benidorm, Torrevieja …
2 por el clima / porque ya viven muchos británicos allí
3 pueblo blanco de Andalucía, fundado por los musulmanes …
4 porque estaba deshabitada hace treinta años
5 students' own answers
6 students' own answers

5b Traduce el último párrafo al inglés ("Como la mayoría... en el idioma").

Suggested answer

As the majority of inhabitants are foreigners it makes it difficult to integrate them into Spanish society. In fact, one of their complaints is that although they want to learn Castilian, it's impossible for them because in every place, whether it's run by Spanish people or not, they are spoken to in English. Many residents attend 'Spanish for foreigners' classes offered by the Orihuela Council but when they want to practise it, everyone who knows English answers them in the international language which means it's impossible for them to improve their language.

6 Completa las frases con el verbo más adecuado de la lista.

1 me dediqué a   2 se cansan; de
3 aprenden a; insisten en   4 tienden a   5 se negaron a
6 hicieron mal en

3.1 B: La convivencia de culturas

1a Busca en el texto cómo se expresan las siguientes palabras y frases.

1   con el objetivo de
2   instrumento
3   contó con un brazo político
4   en la legalidad
5   su signo político
6   sin éxito
7   una amenaza seria
8   un alto el fuego
9   verificable

1b Decide si las siguientes afirmaciones son Verdaderas (V), Falsas (F) o No mencionadas (N).

1 F   2 V   3 V   4 V   5 V   6 N   7 N   8 N   9 N

2 Escucha el reportaje sobre la cuestión de la secesión de Cataluña y contesta las preguntas.

Points that could be mentioned:

Con respecto a los argumentos a favor de la independencia de Cataluña:

1   They would be able to make their own decisions on matters that concerned them.
2   It would not be subjugated to Spanish language and culture.
3   It would not have to subsidise any other parts of Spain.

Con respecto a los argumentos en contra de la independencia de Cataluña:

1   because Spain is a sovereign country that belongs equally to all citizens
2   In a global market, scale matters – the bigger the country, the more influence it can have, so an independent Cataluña would suffer in terms of economy, industry, sport and culture.
3   Cataluña would have to apply for entry and whether it were accepted would be up to all the member countries.

Transcript

La cuestión del independentismo catalán levanta encendidos debates entre quienes lo defienden y quienes se oponen a él, y es origen también de frecuentes confrontaciones entre las distintas fuerzas políticas tanto a nivel autonómico como estatal. No es sencillo anticipar las consecuencias que tendría un futuro escenario secesionista, pero en el debate intervienen argumentos tanto de índole racional como emocional. Entre ellos se pueden destacar de manera resumida los siguientes:

Primera parte – los argumentos a favor de la independencia:

— Primero, al contar con un gobierno propio con soberanía plena, los catalanes tendrían más capacidad para decidir sobre sus propios asuntos.

— Segundo, la independencia permitiría reforzar la cultura y la lengua catalanas, actualmente sometidas a la presión de la cultura y lenguas españolas.

— Tercero, Cataluña dejaría de verse obligada a aportar fondos destinados a otras regiones de España.

— Finalmente, los catalanes no se sienten españoles, y se encontrarían más a gusto en una Cataluña independiente.

Segunda parte – los argumentos en contra de la independencia:

— Primero, España es un país soberano y su territorio pertenece a todos sus ciudadanos por igual, por lo cual la decisión de que una región se independice no corresponde a los habitantes de esa región sino al conjunto de la ciudadanía española.

— Segundo, en un mundo globalizado como el actual, donde priman las economías de escala y donde los países grandes tienen más capacidad para hacer valer sus intereses y ejercer influencia más allá de sus fronteras, la secesión debilitaría y perjudicaría tanto a Cataluña como al resto de España a diversos niveles: económico, industrial, deportivo, cultural.

— Tercero, Cataluña quedaría fuera de la Unión Europea, pues la constitución europea no prevé la secesión de uno de sus miembros y para continuar tendría que solicitar su incorporación, que exigiría la unanimidad de todos los socios comunitarios.

— Finalmente, el nuevo estado catalán tendría que asumir la totalidad del coste de servicios como hacienda, diplomacia, defensa, seguridad, actualmente centralizados y financiados por el conjunto de los españoles.

3 **Lee el texto sobre los gitanos españoles y utilízalo para ayudarte a traducir las frases de abajo al español.**

> **Suggested answers**
>
> 1 La sociedad española está compuesta de distintos grupos culturales.
>
> 2 La comunidad gitana ha sido parte de la población española desde hace seiscientos años.
>
> 3 No obstante, son un grupo que todavía sufre discriminación, a pesar de los avances de los últimos años.
>
> 4 Afortunadamente hoy en día casi todos los niños gitanos tienen acceso a una educación.
>
> 5 Tienen la oportunidad de seguir estudiando para acceder a profesiones como medicina, derecho o enseñanza.

4 **Escucha el reportaje sobre casos de anti-gitanismo escribe un resumen con tus propias palabras de unas 90 palabras.**

> **Points that could be mentioned:**
>
> • Gypsy women suffer double discriminiaton due to the fact that they are women and because they belong to a minority ethnic group.
>
> • They suffer most when looking for accommodation; difficulty getting interviews and jobs.
>
> • The sector that suffers most is young people up to the age of 30.

Transcript

Los 348 casos de 'anti-gitanismo' detectados en España "son solo la punta del iceberg".

Según dos informes la discriminación que sufre este colectivo es tan generalizada que la mayoría no se denuncia debido a que "ni el mismo gitano es consciente" de ella y "la considera normal" y porque "desconoce sus derechos".

La población gitana se enfrenta a situaciones discriminatorias diarias "en ámbitos como los medios de comunicación y redes sociales, el empleo, la vivienda, el acceso a bienes y servicios o en la educación", ha especificado el director de la organización.

Los estudios han computado 121 casos de discriminación en medios de comunicación e Internet, 53 relacionados con el empleo, 29 en el ámbito de la vivienda, así como 50 casos que atentan contra la dignidad y potencian el odio hacia el pueblo gitano. Del total de casos registrados, 232 fueron casos colectivos y 116 individuales; en total, han afectado a 669 personas. Las mujeres gitanas sufren, además, una doble discriminación derivada, por un lado, del hecho de ser mujeres y, por otro, por pertenecer a una minoría étnica, según el informe.

En el caso de las mujeres jóvenes la situación empeora debido a que el anti-gitanismo afecta especialmente a la población joven. Esta discriminación se da habitualmente en el momento en que "quieren acceder a una vivienda, cuando no les conceden una entrevista de trabajo o no les ofrecen una oportunidad laboral por ser gitanos".

Por edades, la población gitana que se enfrenta a más casos de discriminación es la joven: 188 casos registrados en la población de entre cero y 15 años y otros 282 en los de 16 a 30 años.

5 **Lee el texto y con un(a) compañero/a investiga cuál es la mezcla étnica de México.**

> **Points that could be mentioned:**
>
> • Although over 60% of Mexicans are of *mestizo* or mixed ancestry, the remainder of the population is made up of indigenous groups such as the Maya and Zapotec people in the south of the country, who have their own language and culture, along with descendants of the European immigrants to Mexico.
>
> • Students can find out to what extent this reflects the desire to establish a 'pan-Mexican' identity and how successful it has been.
>
> • Students can research any ethnic tensions and equally recent initiatives to bring about greater cooperation between cultures.

3.2 A: La educación

1a **Lee el texto y luego selecciona la mejor alternativa para completar cada frase.**

1 b 2 a 3 a 4 b 5 a

1b **Haz un resumen de 90 palabras del texto. Utiliza tus propias palabras.**

> **Points that could be mentioned:**
> - The report has found that the presence of immigrants has no negative impact on the education of Spanish students, but that foreign students themselves are more likely to fail. The reasons for this are not known but one suggestion is the lack of integration of foreign students.
> - 40% of foreign students are at risk of failing, compared to the average of 30% in Cataluña.
> - Possible solutions are to promote integration and social compensation.

2 **Estudia el gráfico con un(a) compañero/a. Busca las regiones donde hay más y menos estudiantes inmigrantes y apunta el porcentaje. Intenta sugerir las razones de esas diferencias. ¿Qué diferencias notas en la distribución del alumnado extranjero por tipo de centro?**

> **Suggested answer**
> The highest percentage of foreign students is found in La Rioja (14.7%) and the lowest in Galicia (2.9%). Madrid and Cataluña have relatively large percentages since Madrid and Barcelona are sizeable cities. Most immigrants are in state schools.

3 **Escucha este reportaje sobre la alcaldesa de Barcelona, Ada Colau. Decide si las frases son Verdaderas (V), Falsas (F) o No mencionadas (N).**

1 F 2 N 3 V 4 V 5 F 6 N 7 V

> **Transcript**
> La alcaldesa de Barcelona, Ada Colau, es partidaria de cambiar el mapa escolar de la ciudad para que las familias puedan elegir el colegio más adecuado para sus hijos sin tener en cuenta la cercanía. "De este modo se evitarían los guetos porque se está condenando a niños de un barrio a ir a clase con el 95% de extranjeros", dijo.
>
> La alcaldesa ha afirmado que "el ritmo que sigue un colegio con alumnos de diferentes nacionalidades retrasa el aprendizaje". Por ese motivo la alcaldesa apuesta para que "un alumno de cualquier barrio pueda ir a un colegio de otro". "A mí no me gusta este mapa Escolar porque lo
> que hace es crear guetos" ha subrayado la alcaldesa. "Se está condenando a los alumnos de barrios humildes" a ir a clase "en unas condiciones que no son las óptimas", añadió.

4a **Lee este blog de una mujer que da su opinión sobre lo que piensa la alcaldesa de Barcelona y traduce al inglés.**

> **Suggested answer**
> I have several friends here in Spain whose children are 'condemned' to be in their schools and colleges surrounded by foreigners. They are children born in Spain or who came to the country very small, with parents from Ecuador, Colombia and Romania. Children who are usually very friendly and polite, more or less motivated, better or worse students. I am lucky that my daughter goes to a state school where there are a handful of children with other origins. So my daughter is 'condemned' to be invited to the birthday of a classmate whose parents came from China and to discover the delicious noodles that his grandmother makes. She is 'doomed' to see the world as it really is: diverse and rich, not always easy and challenging. And I am thankful for it.

4b Answers will vary.

3.2 B: La educación

1 **Mira la imagen y contesta las preguntas.**

> **Suggested answers**
> 1 Mexico, Puerto Rico, El Salvador, Cuba, Dominican Republic, Guatemala
> 2 Students should mention the closeness to the border, historical ties to the USA, etc.
> 3 Students should be able to discuss the poor relations with Cuba and the embargo, and may also mention the number of illegal immigrants who might not be included in the figures.
> 4 Students may mention the better quality of education and the values of education in a Western democratic society.
> 5 Students should mention the number of illegal immigrants who may not be included or the number of second and third generation immigrants who may not appear in the statistics.

2 **Lee este artículo sobre un alumno inmigrante de Guatemala. Solo tres de las siguientes afirmaciones son correctas. Decide cuáles son.**

The correct statements are 2, 4 and 5.

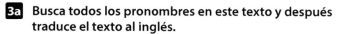

3a **Busca todos los pronombres en este texto y después traduce el texto al inglés.**

les (dio), nos (dan), me (da), les (insulta), le (dieron), (visitar) lo, te (pido), (convencer) le

Suggested answer

The Peruvian immigrant students in my school will need more support in the future. My godmother Paula gave them second-hand books. I think these students give us the opportunity to learn the importance of living together. It makes me angry when someone insults them. Yesterday, an immigrant student was attacked in the playground. They punched him in the chest. I am going to visit him in the hospital. I ask you to pay attention to this situation and write to your MP, to convince them that the politicians have to do something.

3b **Utiliza el texto sobre los inmigrantes en la escuela para traducir estas frases al español.**

Suggested answers

1   Ella les dio sus libros de segunda mano porque quería ayudarles.
2   Algunos estudiantes españoles no entienden la importancia de la coexistencia de las culturas. Prefieren ignorarla.
3   Me da rabia que algunos estudiantes inmigrantes sean agredidos en el instituto.
4   Mi mejor amigo es de Perú y siempre me dice que la vida es mejor en España.
5   Nos pidieron que prestásemos atención a la situación y escribiéramos a nuestro diputado para decirle que actuara.

4 **Completa el texto escogiendo la palabra apropiada de la lista. ¡Cuidado! Sobran palabras.**

1 comparten   2 abusar   3 se sienten   4 políticos
5 clave   6 extranjero   7 compartida   8 favor

5 **Escucha este reportaje sobre lo que hacen algunos jóvenes estadounidenses para ayudar a los inmigrantes en su instituto. Haz un resumen de unas 90 palabras con tus propias palabras.**

Points that could be mentioned:

• The aim of the initiative is to raise awareness among young people in the USA of the problems faced by Spanish-speaking immigrants, who find it difficult to adapt to life in another country.

• The volunteers talk to elderly people, teach children to write or help with them with their homework. They also go to hospitals to help children who don't speak English, or spend time with people who live alone.

• Some Spanish organisations went to Miami to see if it might be possible to launch a similar project in Spain.

Transcript

Una nueva iniciativa que se llama "Jóvenes con corazón" se ha estado llevando a cabo con mucho éxito en centros educativos de Miami. El objetivo de esta iniciativa es sensibilizar a los jóvenes estadounidenses de los problemas de los inmigrantes que vienen de los países hispanohablantes y de las dificultades que tienen para adaptarse fuera de sus países nativos. Los organizadores de la campaña quieren que los jóvenes sean voluntarios y trabajen con la comunidad latina. Las tareas de voluntariado que han realizado han sido muy diferentes, por ejemplo, ayudar a comer a ancianos o darles conversación, enseñar a escribir a los inmigrantes, ayudar a hacer los deberes a niños inmigrantes que están en los talleres de Cáritas, hacer compañía a personas que se encuentran solas o estar con los niños hospitalizados en Miami que no hablen inglés. Es más, algunas organizaciones españolas han ido a Miami para observar cómo funciona el proyecto y así poder lanzar un proyecto igual en España.

6 **Discute en tu grupo lo que piensas de una clase con muchos alumnos inmigrantes.**

Points that could be mentioned:

• Advantages include cultural diversity, new friends, new languages, new food, broadens horizons.

• Disadvantages might be class sizes, language issues, racism, bullying.

• Possibilities include to learn new languages, promote social harmony, break down prejudices, understand different cultures.

• Dangers include ghettos, racism, lack of social integration, terrorism.

3.3 A: Las religiones

1 Answers will vary.

2 Escribe un resumen de unas 90 palabras de este texto. Debes usar tus propias palabras.

> **Points that could be mentioned:**
> - The Peninsula was conquered by the Arabs in the eighth century and a large Muslim population settled in the south.
> - The Reconquest – of huge importance to the Catholic Monarchs – signalled the end of the peaceful coexistence of the three religions.
> - The aim of the Inquisition was to ensure that those Jews and Muslims who had converted to Christianity and were thus allowed to remain in Spain actually followed Catholicism and did not try to practise their own religion in secret. Christians who didn't practise correctly were also pursued by the inquisitors. Courts were set up in four cities and the Inquisition spread to South America too.

3 Escucha la información sobre la Inquisición y decide si las frases son Verdaderas (V), Falsas (F) o No mencionadas (N).

1 V   2 V   3 N   4 F   5 V   6 F   7 V   8 N   9 N   10 V

> **Transcript**
>
> Los Reyes Católicos instituyeron la Inquisición española en 1478. El primer Inquisidor general fue el famoso e infame Tomás de Torquemada. Él fue el inquisidor más emblemático de la Inquisición, responsable de la persecución de miles de judíos y herejes. Se estima que bajo su mandato fueron quemadas más de diez mil personas.
>
> El principal propósito del tribunal era vigilar la sinceridad de las conversiones de judíos y musulmanes que se habían bautizado católicos para seguir viviendo en España. Con tal motivo, la vigilancia del Tribunal fue extendida al ámbito de los curas y fieles, con el objetivo de detectar ritos secretos o costumbres contrarias a la fe y la vida cristianas.
>
> Esto incluía condenar, por ejemplo, la adivinación, la idolatría, la brujería, la seducción y la vida conyugal secreta en el caso de los sacerdotes, la bigamia, la homosexualidad, la apostasía, la observancia del ayuno el sábado, el lavarse las manos hasta los codos (considerada costumbre musulmana) y cualquier opinión individual "inapropiada" o herética.
>
> En las Américas, la Inquisición española desarrolló su actividad en los territorios españoles a través de tres tribunales: los de Lima y México fueron fundados en 1579 y el de Cartagena en 1610.

4 Traduce las frases al español utilizando el adverbio más apropiado.

> **Suggested answers**
>
> 1   Los Reyes Católicos intentaron implacablemente reconquistar Granada.
> 2   Según los Reyes Católicos era muy importante practicar correctamente el catolicismo.
> 3   Tras su éxito introdujeron la Inquisición muy rápidamente.
> 4   La Inquisición buscaba a los judíos y musulmanes que practicaban secretamente su propia religión en lugar del catolicismo.
> 5   Afortunadamente hoy en día la Constitución protege los derechos de los ciudadanos.

5a Lee este fragmento de "La Mano de Fátima" de Ildefonso Falcones y empareja estas palabras del texto con su definición.

1 d   2 f   3 h   4 c   5 a   6 b   7 g   8 e

5b Lee el texto otra vez y escoge la mejor alternativa (a–c) para completar las frases.

1 a   2 c   3 c   4 b   5 c   6 a

5c Answers will vary.

3.3 B: Las religiones

1a Lee el texto y busca los sinónimos de las siguientes palabras.

1 seguidores   2 practicantes   3 creciente   4 la fe
5 éxito   6 citas importantes   7 estrenan

1b Traduce el último párrafo del texto de "También en Madrid" hasta "antigua fe".

> **Suggested answer**
>
> Also in Madrid, Hindu culture is celebrated at Casa Asia Madrid, where programmes of activities related to this religion are organised. Among the important dates in the Hindu calendar the Festival of Lights, or Divali, stands out, which is celebrated at the beginning of the Hindu New Year and takes place between mid-October and mid-November. During Divali, devotees wear new clothes for the first time, share out sweets and launch firecrackers and fireworks. It is one of the most joyful celebrations of the year during which there is a unique opportunity to immerse oneself in the culture of this ancient faith.

2 Escucha el reportaje sobre las iglesias evangélicas en España y decide cuáles son las cuatro frases falsas. Luego, corrígelas.

The incorrect sentences are 1, 3, 5 and 7.

Transcript

Las iglesias evangélicas en España

La Iglesia evangélica no para de ganar terreno en España. Ha experimentado un incremento en los últimos años. En 2004, había un total de 979 iglesias evangélicas registradas. En 2014, había 2.103. Asegura un portavoz de la Federación de Entidades Religiosas Evangélicas de España: "este impulso está relacionado con la inmigración, sobre todo de latinoamericanos".

Los latinoamericanos son el principal grupo de inmigrantes en España, aunque miles hayan vuelto a sus países debido a la crisis económica. En enero de 2004 había un total de 514.485 ciudadanos de América Latina residentes en el país. En junio de 2013 eran 1.494.284.

Los protestantes son la principal minoría religiosa de España: de los 6.125 lugares de culto de todas las minorías, 3.521 son evangélicos, un 57,49%; después se encuentran los musulmanes, que representan un 21,36%; y los testigos de Jehová, con un 11%.

Aunque no hay datos concretos sobre el número de evangélicos, los latinoamericanos se hacen notar. Muchos ya frecuentaban una iglesia protestante en su país y, al llegar a España, buscan una para seguir asistiendo a las ceremonias.

En América Latina, que siempre ha sido tradicionalmente católica, la Iglesia evangélica ya conquistó su espacio. Brasil es el país con la mayor población protestante, un total de 42 millones, seguido de Colombia (10 millones), México (8,3 millones) y Venezuela (7,8 millones).

3a Lee el artículo y empareja el vocabulario con su significado.

1 c   2 f   3 a   4 d   5 e   6 b

3b Contesta las preguntas.

1 That a city should be a place where people of different backgrounds and religions can live together peacefully and value and promote common values and diversity.
2 It didn't surprise the Argentinians but it did surprise those from elsewhere – probably because their countries have always been predominantly Catholic.
3 lunch for all the different religious leaders
4 students' own answers

4 Answers will vary.

Repaso: ¡Demuestra lo que has aprendido!

1 Estas palabras pertenecen a esta unidad sobre "La convivencia". Emparéjalas con su equivalente en inglés.

1 k   2 m   3 h   4 o   5 c   6 a   7 n   8 d
9 l   10 e   11 j   12 i   13 g   14 f   15 b

2 Empareja las siguientes palabras con sus definiciones.

1 d   2 a   3 g   4 e   5 f   6 b   7 c

3 Completa las frases, escogiendo la palabra más apropiada de la lista. ¡Cuidado! Sobran palabras.

1 conocida   2 mosaico   3 descartan   4 partidaria
5 conquistada   6 religiosa

4 Empareja el principio de cada frase con el final correcto.

1 c   2 f   3 e   4 b   5 a   6 d

Repaso: ¡Haz la prueba!

1 Traduce este texto al inglés.

Suggested answer

On 9th August, the International Day of the World's Indigenous Peoples is celebrated in all the countries of South America. In the Declaration of Nations, individual and collective rights of the indigenous population are established, in particular their right to culture, identity, language, employment, health and education. Moreover, the right of indigenous peoples to maintain and strengthen their institutions, cultures and traditions and promote their development in accordance with their aspirations and needs is emphasised. It also prohibits discriminating against them and their full and effective participation is encouraged in relation to the matters affecting them, including their right to the development of their identity, according to their world view.

---

2 Lee el texto y escribe un párrafo en español resumiendo lo que has entendido. No debes usar más de 90 palabras y debes incluir los siguientes puntos en tu resumen.

> **Points that could be mentioned:**
>
> - The Council of Valencia is going to try to introduce methods of promoting religious diversity in the city in order to improve coexistence. It wants to bring an end to the old politics of the PP which have discriminated against minorities.
> - The councillor for Equality and Inclusiveness Isabel Lozano is going to coordinate all the actions in order to optimise social cohesion and prevent radicalisation.
> - She will work with the Ministry of the Interior to assess the situation of the 16 minority faiths and debate proposals to encourage religious diversity.

3 Escucha este informe sobre el fracaso de la integración de jóvenes musulmanes de origen español y luego selecciona la alternativa que mejor convenga para completar la frase. Escribe *a*, *b* o *c*.

1 c 2 b 3 a 4 c 5 a 6 b

Transcript

Los expertos en terrorismo yihadista permanecen vigilantes ante la trayectoria de treinta yihadistas combatiendo actualmente en Siria, aunque la cifra podría ser mayor porque es posible que haya otros que no han podido ser localizados según el portavoz del gobierno español.

La mayoría de los yihadistas son jóvenes de origen español, de segunda o tercera generación, o con residencia legal en España y cuya radicalización se produce sobre todo en la adolescencia. Lo que es preocupante es que muchos de ellos quieren convertirse en mártires para la causa yihadista.

El gobierno español ha revelado que quizás vaya a seguir el ejemplo de Francia que acaba de aprobar una serie de medidas para evitar que los ciudadanos franceses se trasladen a Siria. Además, tres británicos fueron condenados a más de doce meses de cárcel cado uno por haber viajado a Siria para unirse a un grupo terrorista vinculado al "Estado Islámico".

El pasado mayo la organización "Estado Islámico" difundió un video en el que amenazó de manera directa a España. Indicó que sembraría el terror en España con actos terroristas ya que cuenta con militantes en el país.

Mientras tanto, tras casi tres meses de silencio informativo, por expreso deseo de las familias, el secuestro de tres reporteros españoles se hizo público ayer. La campaña para pedir su liberación sigue activa en las redes sociales. Las negociaciones y contactos para liberar a los tres periodistas españoles en Siria siguen sin éxito.

4a Lee el texto y busca las frases o palabras equivalentes a las siguientes.

1 convivencia 2 potenciar 3 suele ser 4 escasa
5 realiza

4b Lee el texto otra vez. Solo tres de las siguientes afirmaciones son correctas. Decide cuáles son.

The correct statements are 2, 3 and 6.

5 Completa el texto escogiendo la palabra apropiada de la lista. ¡Cuidado! Sobran palabras.

1 divididos 2 fuentes 3 musulmanas 4 velo
5 islámico 6 gorda

6 Traduce este párrafo al español.

> **Suggested answer**
>
> La imagen popular de expatriados británicos en España es la de los jubilados que ven telenovelas inglesas con un periódico inglés y beben lentamente vino barato o comen rápidamente un desayuno inglés. Sin embargo, en junio, un escocés, miembro del partido socialista español, participará en las elecciones locales. Cree que muchos británicos prefieren que los habitantes les hablen en su propio idioma. Señala que si no se integra en el país anfitrión, lamentablemente no disfrutará de la oportunidad de experimentar la riqueza de su cultura y gastronomía, lo cual sería una pena.

7 Escucha este reportaje sobre los pueblos indígenas de Sudamérica y decide si las frases son Verdaderas (V), Falsas (F) o No mencionadas (N).

1 V 2 F 3 N 4 F 5 N 6 V 7 F

Transcript

Los pueblos indígenas siguen resistiendo la "colonización" y la homogenización de sus culturas. Lo han hecho a través de diferentes estrategias como la lucha por la dignidad y el reconocimiento de la diversidad. Muchas personas creen que esa diversidad cultural es la mayor fuente de creatividad y riqueza de la humanidad.

En Sudamérica, los poderes legislativos están compuestos por 40-70% de representantes de los pueblos indígenas, que también participan como líderes en algunos gobiernos democráticamente elegidos, como el de Bolivia. Existen más de 600 lenguas incluidas el castellano y el portugués que aún son transmitidas de generación en generación, lo cual ayuda a revitalizar las lenguas. Tristemente todavía persisten las desigualdades que viven los niños, niñas, jóvenes, mujeres y ancianos de los pueblos indígenas en situación de pobreza y que emigran a las grandes ciudades.

En las comunidades indígenas de Bolivia se promueve una concepción holística del "Vivir Bien". Se fomenta el equilibrio material y espiritual de las personas (saber vivir) y la relación de las mismas con todas las formas de vida existentes en la naturaleza (convivir). La semana que viene se conmemora el Día internacional de los Pueblos Indígenas, que reafirma el compromiso por las sociedades plurales, dignas e incluyentes y celebra la diversidad cultural, las tradiciones, los valores y las lenguas de los pueblos indígenas del mundo.

(in disagreement with the statement)
- young people are more tolerant
- lots of initiatives to promote harmony
- people travel more so are more aware of other cultures
- people do not want to promote terrorism
- populations are more dispersed nowadays

8 Utilizando la información que has aprendido y las fotos, discute lo siguiente con un(a) compañero/a.

Points that could be mentioned:
- The women area dressed like this for religious reasons, in order to express their own beliefs and identity, make a statement, or perhaps cause controversy (in the case of the burkini).
- It is important to respect other people's beliefs or personal relationship with God; it is also important to respect a country's culture in order to promote integration and avoid conflict. It can be difficult to do both equally.
- Cultural coexistence can sometimes be difficult due to strong beliefs, historical differences, racism and xenophobia.

9 Escribe unas 300 palabras contestando la siguiente pregunta.

¿Hasta qué punto crees que la convivencia de culturas es una quimera?

Points that could be mentioned:

(in agreement with the statement)
- some people are inherently mistrustful of different cultures
- xenophobic and racist attitudes
- historical hatred due to wars/political differences
- geographical conflicts
- war and terrorism

4 | Jóvenes de hoy, ciudadanos del mañana

Introductory spread

1 Sin usar un diccionario, ¿cuántas de estas palabras conoces en inglés? Compara tus respuestas con las de un(a) compañero/a.

1 unemployment rate
2 cuts
3 to become emancipated (from parents)
4 demonstrations / protests
5 to complain
6 to go to the polls
7 monthly salary / payslip
8 minors
9 voluntary work
10 to get angry

2 Answers will vary.

3a Answers will vary.

3b El paro juvenil en España siempre ha tenido fama de ser alto. Lee el siguiente texto sobre el problema del desempleo en Cataluña y rellena los huecos con una palabra del cuadro. ¡Cuidado! Sobran palabras.

1 entre   2 caído   3 situarse   4 crece   5 siquiera
6 extiende   7 zonas   8 tasa   9 puso   10 ya

4 Lee el siguiente texto y tradúcelo al inglés. Luego, añade al menos un factor más que en tu opinión debería ser parte de una sociedad ideal. Discute luego con tus compañeros/as.

> **Suggested answer**
>
> Does the ideal society exist?
>
> The concept of an ideal society varies depending on the individual as each person has different interests. Nonetheless, an ideal society could have the following features:
>
> - There is true justice
> - There is no poverty, hunger or inequalities. Wealth is shared; it is not concentrated in the hands of a few
> - Everybody has an equal right to education, work and proper housing
> - Young people find work opportunities that enrich them
> - All in society have access to a quality health system
> - There is no discrimination but tolerance and respect.

5 Lee la información en la sección "¿Lo sabías?" y decide si estas frases son Verdaderas (V), Falsas (F) o No mencionadas (N).

1 N   2 F   3 V   4 F   5 F   6 V   7 V   8 F

4.1 A: Los jóvenes y su actitud hacia la política: activismo o apatía

1 Answers will vary.

2a Lee las opiniones de estos jóvenes sobre la política y encuentra la traducción a estas palabras o expresiones.

1 quejarnos   2 comprometidos   3 el sistema sanitario
4 exigir   5 se movilizó   6 los políticos   7 el pasotismo
8 nos involucramos   9 recortes   10 promesas

2b Lee las opiniones otra vez y decide quién dice cada frase. Escribe los nombres correctos.

1 Luis   2 Yolanda   3 Mónica   4 Jesús

3a Escucha este informe sobre las protestas estudiantiles en España. Según lo que oyes, responde a las preguntas.

1 para hacer oír su voz contra las reformas en el sistema educativo español

2 Jóvenes de secundaria, bachillerato y universidades

3 Están hartos del control y las imposiciones del gobierno.

4 El gobierno quiere reducir las carreras universitarias de cuatro a tres años.

5 La duración de los másteres aumentará de uno a dos años.

6 Tienen que pagar más tasas universitarias.

7 España necesita seguir los pasos de otros países europeos.

8 entre un 80 y un 90%

3b Escucha el informe de nuevo y haz un resumen en español usando un máximo de 90 palabras.

Transcript

— ¡Hola, Javier! Los últimos años han sido muy activos para los estudiantes españoles, ¿no? Háblanos de lo que hicieron muchos estudiantes en abril de 2016 para hacer oír su voz contra las reformas en el sistema educativo español.

— Pues, mira. Después de que el Ministerio de Educación anunciara cambios drásticos al sistema educativo con una nueva ley que se llama la LOMCE, colectivos estudiantiles de todo el país decidieron movilizarse. Así, jóvenes de secundaria, bachillerato y universidades salimos a las calles para protestar. Eso demostró, en mi opinión, el deseo de muchos jóvenes de que su futuro educativo sea mejor. Estamos hartos del control y las imposiciones del gobierno.

— ¿Puedes explicarme por qué os manifestasteis exactamente?

— El gobierno quiere introducir el decreto 3+2. Quieren reducir muchas carreras universitarias de cuatro a tres años y aumentar la duración de los másteres de uno a dos años. Eso significa que los estudiantes universitarios y sus familias tienen que pagar más tasas universitarias. Las familias no tienen el dinero para permitirse eso.

— ¿Sabes por qué quiere el gobierno hacer esos cambios?

— Pues, el gobierno dice que quiere mejorar la calidad del sistema. El ministro de educación dijo que España necesitaba seguir los pasos de otros países europeos donde las carreras universitarias duran solo tres años.

— ¿Sientes que hicisteis lo correcto con esa huelga?

— Claro. Si los jóvenes no nos movilizamos y permitimos que los políticos hagan lo que quieran, ¿qué futuro nos espera? Es importante que actuemos y demostremos nuestra oposición.

— ¿Hubo movilizaciones en todo el país?

— Sí, hubo huelgas en la mayoría de las ciudades. Entre un 80% y un 90% de los estudiantes salieron a la calle a protestar por las reformas. Fue la mayor movilización de estudiantes en 20 años.

Points that could be mentioned:

- Many students decided to demonstrate/strike and took to the streets in order to protest against the reforms in the education system.

- The 'decreto 3+2' refers to the government's plans to reduce many courses from four to three years and to increase the length of Masters courses to two years. This would mean families having to pay more tuition fees.

- The changes were intended to improve the quality of the system and to make it more similar to that in other European countries.

4 Traduce las siguientes frases al español.

Suggested answers

1 Los jóvenes quieren que los políticos dejen de mentir.

2 Cuando haya menos precariedad laboral, los jóvenes se sentirán más positivos sobre su futuro.

3 Es probable que la situación económica continúe/siga empeorando.

4 No te recomiendo que vayas a la huelga a menos que estés desesperado.

5 Dudamos que el gobierno aumente los recursos para los jóvenes en la educación.

6 Hoy en día, muchos jóvenes ignoran la política a menos que les afecte directamente.

5 Lee la siguiente carta escrita al director de un periódico y tradúcela al inglés.

Suggested answer

It is not true that young people aren't interested in politics. We are (politically) aware and we are worried about the future that lies ahead. The problem is that not all the politicians think about young people. They promise and promise but then we see nothing.

> The evidence? Job insecurity continues, young people are forced to live with their parents until the age of 30, they can't afford to buy or rent a house or invest or make other plans for the future. There is a lot of uncertainty amongst the youth and that has increased young people's commitment/involvement in social demonstrations and in politics.

4.1 B: Los jóvenes y su actitud hacia la política: activismo o apatía

1 Answers will vary.

2a Antes de escuchar la entrevista, empareja estas palabras o expresiones con su equivalente en inglés.

1 e 2 f 3 d 4 h 5 a 6 g 7 c 8 b

2b Escucha la entrevista sobre la posibilidad de votar a los dieciséis años. Dos expertos en política, María y Enrique, hablan sobre el tema. Cada una de estas afirmaciones tiene un error. Según lo que escuchas, corrige ese error.

1 el verano = abril   2 menos = más
3 rechazaron = apoyaron   4 muchos = pocos   5 18 = 21

Transcript

— En abril de 2016 el Congreso español aprobó un proyecto de ley para reducir la edad de votar a los dieciséis años. María, ¿tuvo mucho apoyo esta iniciativa?

— La iniciativa fue apoyada por varios partidos, entre ellos Podemos, el Grupo Mixto y el Partido Socialista. Otros, como los conservadores, la rechazaron. Hubo 174 votos a favor, 144 votos en contra y seis abstenciones.

— Enrique, ¿pueden votar los jóvenes de 16 años en otros países?

— Que yo sepa, en la Unión Europea solo Austria permite votar a los jóvenes desde los 16 años. En el resto del mundo, unos pocos países tienen esa ley, como Cuba, Brasil y Nicaragua. En Estados Unidos, por ejemplo, no se puede votar hasta que tienes 21 años.

— María, ¿qué opinas de todo esto?

— En España la ley dice que con 16 años se puede trabajar, tener relaciones sexuales con un adulto, casarse o incluso dar el consentimiento para una operación médica. Yo creo que no tiene sentido que un joven pueda trabajar o casarse pero que no pueda decidir qué partido político quiere que esté en el gobierno.

— Enrique, ¿y tú, qué piensas de la propuesta?

— Yo pienso que sería irresponsable porque la mayoría de los jóvenes de hoy menores de 18 años no tienen ningún interés en la política y no quieren hacer un esfuerzo ni involucrarse en ninguna acción política. Sería una locura permitirles votar a los 16 años.

3a Lee este texto sobre las movilizaciones estudiantiles en Chile y empareja las siguientes frases. ¡Cuidado! Sobran segundas partes.

1 c 2 j 3 h 4 i 5 a 6 e

3b Haz un resumen del texto con un máximo de 90 palabras.

Points that could be mentioned:

- The 'revolution of the penguins' was the biggest protest since the end of the dictatorship of Pinochet. It was so-called because the student demonstrators wore black and white.
- The students wanted improvements in the education system – for the university entrance test to be free, and to pay less for public transport.
- The protests of 2011 came about because students wanted more money for education and a general improvement in the quality of the system.
- The government made some changes to the laws and education system after both waves of protest, but not everything the protesters wanted was granted.

4 Lee el siguiente extracto de un poema del escritor uruguayo Mario Benedetti. Completa el poema con las palabras que faltan.

1 decir   2 maten   3 convertirse   4 este   5 Dios   6 como
7 puertas   8 sabios

5 Traduce las siguientes frases al español.

Suggested answers

1   El gobierno no quiere cambiar el sistema sanitario tampoco.
2   Ningún joven votará en las elecciones sin esta campaña en las noticias.
3   No tienen ni tiempo ni interés por involucrarse más en la política.
4   El presidente dijo que no tenía nada más que decir a los jóvenes votantes.
5   Los estudiantes no vieron a nadie del partido conservador en sus movilizaciones / protestas / manifestaciones en la capital.

6 Answers will vary.

4.2 A: El paro entre los jóvenes

1 Answers will vary.

2a Lee este artículo y elige una de las respuestas *a* o *b* para completar las frases.

1 a 2 b 3 a 4 b 5 a 6 b 7 b

2b Lee de nuevo el texto de la actividad 2a y escribe un resumen. No debes usar más de 90 palabras.

Points that could be mentioned:

- The 'lost generation' refers to young Spanish people between the ages of 16 and 19, who are not in work and will find it difficult to enter the labour market, even with the improvement in the economic situation.
- 'Sobretitulación' (overqualification) describes young people who have studied at university but, because of unemployment, take the first job they are offered even if it does not require higher level qualifications.
- Their future looks depressing, so many decide to leave Spain to look for work, most to the Americas, with others trying their luck in other countries in Europe.

3 Traduce las siguientes frases al español usando la forma *tú* del imperativo.

Suggested answers

1 Manifiesta contra el Gobierno.
2 Busca un trabajo.
3 No te mudas si no tienes dinero.
4 Escríbele a tu diputado.
5 Aumenta los recursos para los jóvenes en la educación.

4 Escucha estas entrevistas con tres jóvenes y responde a las preguntas.

1 El dueño tuvo que cerrar la cafetería.
2 Decidió encargarse del negocio cerrado / de la cafetería.
3 9.000 euros (mensuales/al mes)
4 Descarga los camiones de fruta y hortalizas. / Vende las cajas a las vecinas.
5 gracias a una ayuda social del 90%
6 Trabajaba como asistencia a personas dependientes en una residencia.
7 Regresará a Venezuela.

Transcript

— Hoy en nuestro programa hablamos con tres jóvenes que han sufrido del paro juvenil. Primero, Paz. Buenos días, cuéntanos tu historia.

— Estuve 20 meses en una cafetería, hasta que el dueño tuvo que cerrarla. Fue la última vez que tuve contrato estable. Vi una oportunidad y me encargué del negocio cerrado gracias a un préstamo de varios proveedores, pero nunca conseguí afrontar los 9.000 euros mensuales que me costaba llevar la cafetería. Siete meses aguanté. No se puede decir que no lo haya intentado. Con el cierre del local, tuve que dejar mi casa y mudarme con mis padres. No obstante, nunca he tirado la toalla, pero tengo que ser realista.

— Gracias Paz. Ahora tenemos a Simón al teléfono. Simón háblanos de tu situación.

— Tengo 29 años y solo he cotizado unas semanas en toda mi vida. Ayudo todas las mañanas a descargar los camiones de fruta y hortalizas a cambio de algunas cajas que vendo a las vecinas, por lo que consigo llevar a casa entre 15 y 30 euros al día en efectivo. Vivo en un piso que puedo pagar gracias a una ayuda social del 90% del alquiler. Aparte de lo que gano con la fruta y las hortalizas no entra otro ingreso en casa. Veo mi futuro muy negativo.

— Gracias Simón por llamarnos. Y finalmente está Yolanda de origen venezolano.

— Hola. Llevaba tres años ofreciendo asistencia a personas dependientes en una residencia. Sin embargo, hace seis meses sufrí reducciones de las horas de contrato y, más tarde, retrasos de pagos. Hasta hace poco, hemos tenido que comprar guantes de nuestro bolsillo, o la gasolina para llegar a casa de los enfermos, porque la empresa no los ponía a tiempo. Ahora me encuentro sin trabajo y con pocas posibilidades en España. Creo que pronto regresaré a Venezuela.

5 Utilizando la imagen de abajo discute las siguientes preguntas con un(a) compañero/a.

Points that could be mentioned:

- It might be because more women stay at home with children and, even today, the man is more often seen as the family breadwinner.
- The main reason is the economic situation in the country. Many of the jobs in Andalucía or the Balearic Islands, for example, are temporary jobs in the service sector. it is also important to look at the level of education or training of young people.

- Apart from unemployment, another concern for young people is when to leave home, which is of course related to the lack of job opportunities. Other concerns include disillusionment with politicians and corruption in general. Immigration and terrorism are not such important concerns for today's young people.
- It should be the government's responsibility to help create work, although young people themselves should also take some responsibility, improving their qualifications or doing courses which might help them to find work.

4.2 B: El paro entre los jóvenes

1a Lee las opiniones de estos jóvenes sobre el paro juvenil y encuentra la traducción a estas palabras o expresiones.

1 encontrar   2 en cuanto   3 una pérdida de tiempo
4 estoy harta   5 solicitando empleos   6 subsidio de paro
7 el puesto   8 enchufe   9 resolver
10 cursos de formación   11 marchar(me)   12 sueldo
13 facturas   14 la precariedad laboral

1b Lee las opiniones otra vez y decide quién dice cada frase. Escribe los nombres correctos.

1 Pep   2 Francisco   3 Raúl   4 Ángela   5 Elena

2 Lee este artículo y complétalo con palabras de la lista. ¡Cuidado! Sobran palabras.

1 europeo   2 juvenil   3 sean   4 salir   5 programa
6 plazo   7 cumplan   8 nacionalidad   9 acciones

3 Mira este anuncio del Programa de Garantía Juvenil y con tu compañero/a contesta las preguntas.

Suggested answers
- Se trata de un anuncio para la Garantía juvenil, un programa para reducir el paro juvenil.
- Se dirige a los jóvenes en paro de entre 16 y 29 años. También a los que están estudiando y no trabajan.
- Se puede llamar al teléfono 012 o 983 327850. También se puede ir a las oficinas de Garantía Juvenil y darse de alta allí.
- El programa intenta encontrar trabajo, ofrecer formación o prácticas a los jóvenes en paro.

4 Escucha a esta Ministra de la oposición hablar del Programa Garantía Juvenil. Decide si las siguientes afirmaciones son Verdaderas (V), Falsas (F) o No mencionadas (N).

1 V   2 N   3 V   4 F   5 V   6 N

Transcript

Según datos del Ministerio de Empleo y Seguridad Social, a finales de febrero el número total de jóvenes inscritos en el programa de Garantía Juvenil suponía un porcentaje del 17% del total de jóvenes desempleados entre 16 y 29 años. Es decir ocho de cada diez jóvenes en paro no se han inscrito aún en el sistema, para mí un fracaso total. Y yo me pregunto, ¿por qué no hay más inscripciones?

El primer problema que se ha detectado tiene que ver con la información pública. Aunque el Sistema de Garantía Juvenil es un plan estatal, su ejecución se realiza a través de Comunidades Autónomas y Ayuntamientos. Hay administraciones autonómicas que han difundido bien el plan, como Andalucía, que ha realizado el 38% de las inscripciones totales, cuando su porcentaje de jóvenes en paro supone un 24% del total nacional. Pero hay otras como Ceuta y Melilla que han hecho muy poco.

Otra pregunta que me hago es, ¿está siendo eficaz este plan para combatir el paro juvenil? No hay información sobre la efectividad que está teniendo el programa a la hora de reducir el desempleo entre los menores de 30 años, pero si el plan realmente estuviera proporcionando empleo y oportunidades, la voz se habría corrido entre los jóvenes y esto no ha pasado.

Por eso en pocas semanas, el Gobierno lanzará una campaña de comunicación masiva para incrementar la inscripción de los jóvenes en este plan. El destino de más de 1.800 millones de euros de los fondos europeos está en juego.

5 Traduce al español este texto.

Suggested answer

Según los últimos informes, la proporción de jóvenes de 16 años que estudian y trabajan se ha reducido casi a la mitad en 20 años. Los entrevistados dijeron que es ahora más difícil encontrar un trabajo para los sábados. Muchos quieren solamente ganar un poco más de dinero mientras otros buscan experiencia que les ayude a decidir sobre su futuro laboral. El problema es que las compañías buscan personas con experiencia y no quieren contratar a alguien que se vaya a marchar después de unas pocas semanas. El gobierno piensa introducir prácticas laborales en la enseñanza pero esta idea está aún una etapa de planificación.

6 En Argentina, el Gobierno de Mauricio Macri introdujo en 2016 un plan para mejorar las posibilidades de los jóvenes para insertarse en el mundo laboral llamado "Mi Primer Empleo". Busca más información sobre este plan en Internet. Haz un resumen del plan. Escribe 90 palabras usando tus propias palabras y debes incluir los siguientes puntos.

Points that could be mentioned:

- The initiative is aimed at young people, disabled people up to the age of 49, housewives and victims of violence. The participants should also live in the province of Chubut and not be in employment.

- Each participant will receive a monthly allowance of 3,000 pesos.

- The programme lasts for a year and you have to attend for 20 hours a week.

- Students' own answers. Possible opinions: these programmes are a good idea because they help people reintegrate into the labour market. However, they also prolong the problem and what the government should do is create more jobs.

4.3 A: Su sociedad ideal

1 Answers will vary.

2 Answers will vary.

3a Lee el siguiente texto sobre los valores de los jóvenes y encuentra los sinónimos de las siguientes palabras.

1 ha dado un vuelco a   2 progenitores   3 formación
4 inalcanzable   5 afrontar   6 se ha producido
7 afirma   8 conseguirá

3b Vuelve a leer el texto y haz un resumen en español usando un máximo de 90 palabras.

Points that could be mentioned:

- The economic crisis has been the principal factor in influencing the change in young people's values.

- The current generation has nearly everything, from study to leisure and travel opportunities and friends all over the world. Their parents didn't have things like technology or so many educational possibilities.

- They think they should face the future with a return to traditional values such as hard work, education, loyalty, individual responsibility and honesty.

- The young people of 2006–2010 were more materialistic. Today's youth think that being tolerant, generous and showing soildarity are more important.

4a Completa el siguiente texto con las palabras siguientes.

1 adicciones   2 quejan   3 piden   4 poder   5 consumo
6 comprar   7 modelo   8 marca   9 vez   10 placer
11 prioridad   12 capacidad

4b Answers will vary.

5 Escucha esta noticia sobre un debate de radio entre varios jóvenes y responde a las siguientes preguntas.

1 la sociedad de tus sueños
2 entre 15 y 25 años
3 el aborto, la adopción de niños por parejas homosexuales y la pena de muerte
4 el porcentaje que dijo que estaban de acuerdo con el aborto y la adopción de niños por los homosexuales
5 (Two of the following) Los inmigrantes enriquecen a un país. / Son parte de una sociedad fuerte. / Necesitamos inmigrantes para tener una sociedad más tolerante y abierta.
6 la inseguridad
7 ayudar a otros y mejorar el barrio o la comunidad donde viven

Transcript

¿En qué tipo de sociedad quieres vivir?

Varios jóvenes de toda España fueron invitados recientemente a un debate de radio que tenía como tema "La sociedad de tus sueños". Los 13 participantes en el debate tenían todos entre 15 y 25 años y sus respuestas sorprendieron a muchos radioyentes.

La primera cuestión fue sobre su opinión acerca del aborto, la adopción de niños por parejas homosexuales y la pena de muerte. Los jóvenes se mostraron permisivos con el aborto y los derechos del colectivo gay. 69% de jóvenes expresaron que estaban de acuerdo con ambas cosas. Con respecto a la pena de muerte, diez de ellos dijeron que sería aceptable para delitos graves.

La inmigración fue discutida también en el debate. Nueve de los 13 participantes afirmaron que los inmigrantes enriquecen a un país y son parte de una sociedad fuerte. Dijeron que necesitamos gente de otros países en España para tener una sociedad más tolerante y abierta. Sin embargo, los otros 4 participantes mostraron su preocupación por la inseguridad que podría existir con un aumento de la inmigración.

El último aspecto debatido fue la pregunta "¿Qué quieres en la vida?" Todos dijeron que ayudar a otros y mejorar el barrio o la comunidad donde viven son cosas más importantes que tener éxito social o ser rico.

6 **Traduce las siguientes frases al español.**

> **Suggested answers**
>
> 1   Es probable que no hayan publicado este informe para la próxima primavera.
> 2   Quizás / Tal vez / Puede que el gobierno haya encontrado la respuesta para reducir el paro.
> 3   Llámame tan pronto como hayas hablado con tus colegas sobre nuestros planes.
> 4   Los jóvenes no creen que las autoridades hayan hecho tanto como deberían.
> 5   Sienten que los políticos locales nunca hayan valorado su honestidad y esfuerzo.
> 6   Quizás / Tal vez / Puede que hayas descrito la sociedad ideal pero no estoy seguro de que te hayan oído.

4.3 B: Su sociedad ideal

1 Answers will vary.

2a **Lee el siguiente texto sobre el voluntariado juvenil en Colombia y encuentra el equivalente en español a las siguientes palabras o expresiones.**

1 reconoce   2 los demás   3 gente discapacitada
4 recaudar   5 huérfano   6 el fondo   7 zonas quemadas
8 heridos

2b Answers will vary.

3 **Escucha esta noticia sobre cómo luchan algunos jóvenes por su sociedad ideal fuera y dentro de las redes sociales. Decide si las siguientes afirmaciones son Verdaderas (V), Falsas (F) o No mencionadas (N).**

1 V   2 N   3 V   4 F   5 N   6 V   7 V   8 F

Transcript

La sociedad ideal en las redes sociales

El movimiento #YoSoy132 que se desarrolló en México hace años demostró la utilidad de las nuevas tecnologías como plataforma de comunicación y protesta para forzar cambios en la sociedad. Aunque tuvo su origen en México, otros países latinoamericanos como Colombia o Chile también vieron estas protestas en las calles y por Internet.

En mayo de 2012 muchos jóvenes universitarios mexicanos se movilizaron contra el entonces candidato presidencial, Enrique Peña Nieto, cuando acudió a dar una charla a una universidad de Ciudad de México. Lo hicieron para reclamar más libertad de expresión en los medios de comunicación y exigir cambios inmediatos a problemas que afectaban a la sociedad en ese momento, especialmente a los jóvenes. El creciente número de femicidios, la inseguridad en el estado, el acceso a una educación universitaria de calidad o los altos niveles de desempleo fueron solo algunos de los puntos que impulsaron sus reivindicaciones.

Los estudiantes afirmaron no pertenecer a ningún partido político; solo pedían medidas efectivas para una sociedad y un futuro mejor para los mexicanos. Como consecuencia de las protestas y en respuesta a la actitud de parte de la prensa y otros medios de comunicación en contra de los manifestantes, 131 estudiantes universitarios protestaron por Internet mostrando sus carnets de estudiantes. En pocas horas su protesta dio la vuelta al mundo y vio el nacimiento en las redes sociales de #YoSoy132, en apoyo a los 131 estudiantes que empezaron todo.

4a **Lee este texto y decide cuáles son las cuatro afirmaciones correctas.**

The correct statements are 2, 4, 5 and 9.

4b **Traduce el primer párrafo del texto al inglés.**

> **Suggested answer**
>
> The term *nini* is a concept that comes from the phrase 'they neither study nor work'. In Latin America, the number of *ninis* amounts to 20 million people, according to a report published at the beginning of 2016. The psychologist who led the report indicated that *ninis* usually have emotional and behavioural problems. They suffer from anxiety, depression and problems adapting to different surroundings. He suggested that governments and societies in the Hispanic world must do more to help this generation.

5 Answers will vary.

Repaso: ¡Demuestra lo que has aprendido!

1 Estas palabras pertenecen al tema de "los jóvenes de hoy, ciudadanos del mañana." Emparéjalas con su definición.

1 h 2 m 3 j 4 b 5 g 6 c 7 l 8 f 9 d 10 n 11 a
12 i 13 e 14 k

2a Completa las frases, escogiendo la palabra más apropiada.

1 redujo 2 padecen 3 llegando 4 mediante
5 desafío 6 haya

2b Traduce las frases de la actividad 2a al inglés.

> **Suggested answers**
>
> 1 According to statistics, the number of unemployed young people went down by 45,600.
> 2 Spanish teenagers suffer more and more apathy towards politics.
> 3 Although the economy is improving, the economic recovery is not reaching the young.
> 4 Today's youth expresses its nonconformity via so-called indifference.
> 5 Creating jobs for young people is the biggest challenge for many governments in developed countries.
> 6 Young Argentinians do not feel that the economy has improved.

3 ¿Cuánto has aprendido? Elige la respuesta correcta.

1 a 2 b 3 b 4 c

4 Empareja las dos partes de las frases.

1 e 2 f 3 a 4 d 5 c 6 b

Repaso: ¡Haz la prueba!

1 Lee este texto y busca palabras o frases que tengan el mismo significado.

1 una vivienda 2 mantener 3 se irá al garete
4 realizado 5 ciudadanía 6 percibir 7 animan
8 dispendios 9 cicatriz 10 diarios 11 frente
12 apenas

2 Traduce este texto al español.

> **Suggested answer**
>
> Miles de estudiantes se han manifestado en la capital venezolana, Caracas y en otras ciudades contra los planes del gobierno de reformar la educación superior. Según las autoridades, las manifestaciones fueron en su mayoría pacíficas, pero la policía lanzó gases lacrimógenos y usó cañones de agua después de que algunas personas lanzaran piedras.
>
> Los estudiantes dicen que las reformas propuestas darán lugar a la privatización de las universidades públicas, pero el gobierno dice que los cambios son necesarios porque traerán más fondos para el sector.
>
> Unas 30.000 personas se manifestaron en la capital y en la mayoría de los casos no hubo mayores incidentes, pero en Maracaibo murió un joven de 19 años cuando los explosivos que llevaba estallaron, dijo la policía. El gobierno dice que se necesitan las reformas para atraer más fondos al sistema, mientras que los estudiantes dicen que los planes introducirán más discriminación en la educación superior.

3a Escucha a estas tres personas hablar de los "ninis". Escribe un párrafo en español resumiendo lo que has entendido. No debes usar más de 90 palabras y debes incluir los siguientes puntos en tu resumen.

> **Points that could be mentioned:**
>
> • Elena is a mother and thinks that, although young people do not get involved in politics, it's the parents who are at fault because they haven't taught them values. When she was young, this generation *nini* didn't exist. Young people should be more motivated and do something to improve their own prospects.
>
> • Marco thinks it isn't fair to call everyone a *nini* because there are many young people who do want to work or study. The most important thing is not to get depressed and, if they don't find anything, they can go to earn a living in another country.
>
> • Paula is well qualified but she still can't find work. She is offered courses, but what she wants is to work.

3b **Escucha a las tres personas de nuevo y contesta las preguntas.**

1 los padres
2 porque los políticos son corruptos
3 Los jóvenes deben motivarse y hacer algo para mejorar su futuro.
4 el 6%
5 con los brazos abiertos
6 (seriamente) deprimida
7 el INEM
8 Está demasiado formada.

Transcript

Elena

— Soy madre de dos niños. Por un lado pienso que los padres de los chavales de la generación ni-ni tienen la culpa porque no les han inculcado valores. Sin embargo, por otro lado también veo que viven en una sociedad donde se preguntan que para qué van a votar si los políticos son unos corruptos. Por eso la única solución que ven es el pasotismo. En mis tiempos o estudiabas o currabas, pero no hacer nada y solo querer pasta para tus vicios no era una solución. Creo que los jóvenes deben motivarse y hacer algo para mejorar su futuro.

Marco

— No se puede meter a toda una generación en un mismo saco. Hay muchos jóvenes con ganas de trabajar. No digo que no haya jóvenes que pertenezcan a la generación ni-ni y hace poco leí que el 6% de la población menor de 34 años ni estudian ni trabajan, pero la verdad es que es una minoría. Lo importante es no desesperarse. Los jóvenes trabajadores y preparados pueden lograr sus objetivos. Si no se encuentra trabajo en España, se debería pensar en hacer las maletas porque, como les pasó a mis padres en los años 60, en otros países se recibirá a los jóvenes españoles con los brazos abiertos.

Paula

— ¿Y los jóvenes bien formados con buenos currículos? Yo no me veo parte de la generación ni-ni. He estudiado mucho pero aún estoy en paro. Tengo un currículo al que mucha gente denominaría impresionante, pero no encuentro nada. De hecho estoy empezando a sentirme seriamente deprimida. No hacen más que ofrecerme cursos y más cursos en el INEM. Las empresas me dicen que no me cogen en empleos menores porque soy una persona que está demasiado formada. El problema es que se prejuzga a los jóvenes y se les llama perezosos, pero es que no hay trabajos para nosotros.

4 **Traduce este texto al inglés.**

Suggested answer

Without any opportunities

Thousands of young people have decided to leave Spain due to the lack of opportunities in the country and inspired by the dream of finding a job with which to earn a living. So 'Juventud Sin Futuro' has decided to upload to its web page stories of migrants, in which they talk about why they were forced to leave their country and go to another.

Among these testimonies is that of Eduardo, who recounts from London how in the cafeteria where he works "they have never had an assistant cook with such a curriculum". There's also Aitor, 27, who says that he has decided to go to Pyongyang to teach Spanish.

5 **Lee este artículo sobre la Noche de los Lápices. Selecciona las cuatro frases correctas.**

The correct sentences are 2, 3, 5 and 7.

6 Answers will vary.

7 **"La juventud más preparada de la historia vivirá peor que sus padres". ¿Estás de acuerdo con esta afirmación? ¿Por qué (no)? Escribe unas 300 palabras en español explicando tu punto de vista. Da ejemplos para apoyar tus ideas.**

Points that could be mentioned:

Students who agree with the quote could point to the fact that despite many youngsters leaving school/university with good qualifications, because of house prices, the faltering economy and job insecurity, prospects for young people are worse than they were perhaps 20 or 30 years ago. Students who disagree should back up their points with reasons why today's youngsters will not be worse off than their parents, e.g. due to better technology, global communications and study opportunities.

5 Monarquías y dictaduras

Introductory spread

1a Mira el mapa de Latinoamérica y empareja el país con el número correspondiente.

1 Argentina   2 Ecuador   3 Chile   4 Paraguay
5 México   6 Panamá   7 Uruguay   8 Perú   9 Venezuela
10 Brasil   11 Colombi   12 Bolivia

1b Answers will vary.

2 Answers will vary.

3 Empareja las dos partes de las siguientes frases. Busca más información por internet sobre la familia real si se necesita.

1 d   2 f   3 b   4 e   5 a   6 c

5.1 A: La dictadura de Franco

1 Answers will vary.

2 Lee esta introducción al tema y escribe un resumen del texto de no más de 90 palabras. Debes utilizar tus propias palabras.

> **Points that could be mentioned:**
>
> - It began with a coup d'état in 1936; General Franco led a group of generals against the democratically elected government.
> - The Republicans, who were the legitimate government, together with left-wing and workers' groups, fought against the Nationalists, who had the support of conservatives and the Church.
> - The war lasted three years, led to 500,000 deaths, and was followed by a 40-year dictatorship.

3b Busca en la primera parte del poema las palabras cuyas definiciones están abajo.

1 la madrugada   2 asomar   3 un pelotón
4 verdugos   5 osar

3c Escucha el poema entero y rellena las palabras que faltan en la segunda estrofa.

1 caminar   2 miedo   3 martillos   4 requebrando
5 golpe   6 hielo   7 plata   8 cabellos   9 besaban
10 gitana

> **Transcript**
>
> "El Crimen fue en Granada" – Antonio Machado
>
> I
>
> El crimen
>
> Se le vio, caminando entre fusiles,
> por una calle larga,
> salir al campo frío,
> aún con estrellas de la madrugada.
> Mataron a Federico
> cuando la luz asomaba.
> El pelotón de verdugos
> no osó mirarle la cara.
> Todos cerraron los ojos;
> rezaron: ¡ni Dios te salva!
> Muerto cayó Federico
> —sangre en la frente y plomo en las entrañas—
> … Que fue en Granada el crimen
> sabed — ¡pobre Granada! —, en su Granada.
>
> II
>
> El poeta y la muerte
>
> Se le vio caminar solo con Ella,
> sin miedo a su guadaña.
> —Ya el sol en torre y torre, los martillos
> en yunque— yunque y yunque de las fraguas.
> Hablaba Federico,
> requebrando a la muerte. Ella escuchaba.
> «Porque ayer en mi verso, compañera,
> sonaba el golpe de tus secas palmas,
> y diste el hielo a mi cantar, y el filo
> a mi tragedia de tu hoz de plata,
> te cantaré la carne que no tienes,
> los ojos que te faltan,
> tus cabellos que el viento sacudía,
> los rojos labios donde te besaban…
> Hoy como ayer, gitana, muerte mía,
> qué bien contigo a solas,
> por estos aires de Granada, ¡mi Granada!»
>
> III
>
> Se le vio caminar…
> Labrad, amigos,
> de piedra y sueño en el Alhambra,
> un túmulo al poeta,
> sobre una fuente donde llore el agua,
> y eternamente diga:
> el crimen fue en Granada, ¡en su Granada!

3d Traduce la última parte del poema.

Suggested answer

He was seen walking ...

Friends, for the poet

carve a monument of stone and dream in the Alhambra,

over a fountain where the water weeps and utters eternally:

the crime was in Granada, in his Granada!

4 Answers will vary.

5.1 B: La dictadura de Franco

1a Lee la introducción al extracto y busca en el texto cómo se expresan las siguientes palabras y frases.

1 invernizo
2 cerrados a cal y canto
3 triscan como lobos
4 derrotados
5 vehículos desahuciados
6 insondable fatiga
7 envidioso de su comodidad
8 escupe unas ráfagas de ametralladora
9 desmentida
10 campo a través

1b Lee el texto y contesta las siguientes preguntas.

1 wintry sky; icy wind; overcoats
2 escaping from the Nationalists; as supporters of the Republicans they would be in danger if they stayed
3 prisoners being taken to their death
4 because they are in the comfort of a bus – no, not justified because they are in fact going to their execution
5 with a stampede of panic, or a flash of hope that it might give them a chance to escape

1c Traduce al inglés las dos frases del texto desde "La caravana avanza" hasta "alguien los insulta".

Suggested answer

The caravan advances interminably slowly. Sometimes it stops; sometimes, with a mixture of disbelief, hatred and immeasurable weariness someone stares at the occupants of the bus, envying their comfort and shelter, unaware of their fate at the firing squad; sometimes someone hurls an insult.

2a Escucha el reportaje sobre la censura durante la dictadura y decide qué seis afirmaciones son correctas.

The six correct statements are 1, 2, 4, 6, 7 and 10.

2b Corrige las cuatro afirmaciones incorrectas.

Suggested answers

3 No permitían escenas sensuales ...
5 El divorcio era un tema muy raro ...
8 ... Humphrey Bogart dijo que había participado en la Guerra Civil española.
9 ... estuvo vigente hasta 1966.

2c Escucha el reportaje de nuevo y haz un resumen de 90 palabras. Debes utilizar tus propias palabras.

Points that could be mentioned:

• The censorship affected all media; writers and playwrights had to adapt their work or go/publish their material abroad. Films had to be cut, especially scenes showing kissing or women's bodies, and certain themes were banned.

• *Mogambo*: the dubbing was changed to hide the part adultery plays in the film; married couple changed to brother and sister / *Casablanca*: Humphrey Bogart's comment about the Spanish Civil War changed to Austria.

• *Ley de Prensa*: all types of publications were put under government control, everything had to be presented to the censors, certain events were not mentioned, or were highlighted if favourable to the government, official texts had to be added.

Transcript

La censura impuesta por el gobierno franquista después de la Guerra Civil afectó a todos los medios.

Hizo que muchos escritores y dramaturgos tuvieran que adaptar sus obras a lo permitido por la ley. Otros prefirieron irse de España o publicar sus obras en otros países. En 1975, tras la muerte de Franco y la coronación del rey Juan Carlos I, la censura fue eliminada y había escritores que regresaron a España.

En cuanto a la censura cinematográfica durante la dictadura, miles de películas sufrieron el corte. Los besos sufrían la censura si eran considerados demasiado largos, sensuales o eróticos. El cuerpo de la mujer tampoco se podía exhibir y con respecto a la moralidad, había reglas estrictas. Ciertos temas como el adulterio, el divorcio, la prostitución eran tabú.

Para ilustrar esta censura, consideremos el caso de "Mogambo", una película americana de 1953. Era un drama amoroso que protagonizaron los actores Grace Kelly y Clark Gable quienes interpretaron dos personajes que cometen adulterio. La censura española cambió el doblaje y el montaje para ocultar al público español el adulterio que iban a cometer los dos protagonistas, convirtiendo al marido de Grace Kelly, interpretado por Donald Sinden, en su hermano, para que fuese una historia de dos amantes sin referencia al adulterio.

En la versión original de la famosa película "Casablanca", el personaje protagonizado por Humphrey Bogart comenta que había combatido al fascismo en España durante la Guerra Civil. Sin embargo, en la versión doblada lo cambian y el personaje dice que no había estado en España sino que había luchado en Austria.

Con la Ley de Prensa de 1938 que estuvo vigente hasta 1966, quedaban bajo el control del gobierno todo tipo de publicaciones. Durante el período de posguerra se exigía la presentación a censura de todo lo que se pensara publicar o representar y el gobierno silenciaba o exaltaba ciertos acontecimientos y se enviaban a los diferentes órganos informativos textos oficiales "de inserción obligatoria".

3 Traduce las frases al español.

Suggested answers

1 Más de medio milón de españoles perecieron en la Guerra Civil.

2 Los italianos y los alemanes firmaron un acuerdo de no intervención en 1936 pero no obstante apoyaron al ejército de Franco.

3 Los nacionalistas asesinaron a Lorca en un lugar cerca de donde nació.

4 Antonio Machado escribió su poema "El crimen fue en Granada" en memoria de su amigo Federico García Lorca.

5 Cuando la guerra terminó, muchos republicanos temieron represalias y se marcharon de España.

6 Durante la dictadura, Franco introdujo muchas leyes estrictas, por ejemplo, prohibió el divorcio.

4a Answers will vary.

4b Answers will vary.

5.2 A: La evolución de la monarquía en España

1 Answers will vary.

2a Lee este texto que da un breve resumen de la historia de la monarquía contemporánea de España y empareja cada palabra con su definición.

1 d   2 e   3 a   4 f   5 c   6 b

2b Contesta las preguntas.

1 She acted as Regent as her husband Alfonso XII died during her pregnancy and so the baby became king at birth.

2 From being a constitutional monarchy it became a dictatorship under Primo de Rivera.

3 It permitted freedom of expression, divorce, women's suffrage, autonomy for Cataluña and País Vasco.

4 violence between left and right; strikes; various revolutionary attempts

5 He began the transition to democracy and did not allow the Francoist regime to continue.

2c Traduce al inglés el último párrafo del texto ("Ya viejo ... a la democracia").

Suggested answer

In 1970 when he was already old, Franco named Prince Juan Carlos, the grandson of the exiled King Alfonso XIII, as his successor as King, putting him before his father Don Juan de Borbón who was the legitimate heir of Alfonso XIII, and in the belief that the Francoist regime would survive. Fortunately Franco was wrong and on his death in 1975 the constitutional monarchy was restored and thus the transition to democracy began.

3 Lee el texto sobre La Ley de la Memoria Histórica y escoge las tres afirmaciones correctas.

The correct statements are 1, 3 and 5.

4 Escucha un fragmento de la carta escrita el 15 de julio de 1969 en la que el príncipe Juan Carlos comunica a su padre, Don Juan de Borbón, que Franco le había nombrado sucesor a título de rey, y escribe en la tercera persona un resumen de unas 90 palabras de lo que dice Juan Carlos a su padre. Debes utilizar tus propias palabras.

Points that could be mentioned:

• He had just been informed that he had been proposed as next heir to the throne and found it hard to explain how worried he was.

- He felt it was his duty to his country to accept so that Spain could revert to being a monarchy and have a peaceful and prosperous future.
- He tells his father of his love and devotion and asks for his blessing so that this might help him to fulfil the duties he has been called to do.

Transcript

Queridísimo papá:

Acabo de volver de El Pardo adonde he sido llamado por el Generalísimo…

El momento que tantas veces te había repetido que podía llegar, ha llegado y comprenderás mi enorme impresión al comunicarme su decisión de proponerme a las Cortes como sucesor a título de Rey.

Me resulta dificilísimo expresarte la preocupación que tengo en estos momentos. Te quiero muchísimo y he recibido de ti las mejores lecciones de servicio y de amor a España. Estas lecciones son las que me obligan como español y como miembro de la Dinastía a hacer el mayor sacrificio de mi vida y, cumpliendo un deber de conciencia y realizando con ello lo que creo es un servicio a la Patria, aceptar el nombramiento para que vuelva a España la Monarquía y pueda garantizar para el futuro, a nuestro pueblo, con la ayuda de Dios, muchos años de paz y prosperidad.

En esta hora, para mí tan emotiva y trascendental, quiero reiterarte mi filial devoción e inmenso cariño… y quiero pedirte tu bendición para que ella me ayude siempre a cumplir, en bien de España, los deberes que me impone la misión para la que he sido llamado.

5 Traduce estas frases al español. Para cada una tendrás que incluir un verbo en el imperfecto del subjuntivo.

Suggested answers

1 No fue sorprendente que las huelgas estallaran/estallasen durante la Segunda República.
2 Si su padre no hubiera/hubiese muerto, Alfonso XIII no habría/hubiera/hubiese sido nombrado rey tan pronto.
3 Tras algunos problemas de salud fue normal que Juan Carlos abdicara/abdicase.
4 ¿Dudaste que fuera/fuese una buena idea trasladar los restos de Franco?

5.2 B: La evolución de la monarquía en España

1a Lee la información sobre algunas fechas claves del reinado de Juan Carlos I y decide si las afirmaciones a continuación son Verdaderas (V), Falsas (F), o No mencionadas (N).

1 N 2 V 3 F 4 F 5 V 6 V

1b Traduce las siguientes frases al español.

Suggested answers

1 Desde el principio de la dictadura hasta 1977, el partido comunista había estado prohibido.
2 Muchos españoles recuerdan el 23 de febrero de 1981 cuando hubo un intento a derrocar al gobierno democrático.
3 España se convirtió en miembro de la Unión Europea en 1986 e ingresó en la eurozona en 2002.
4 Por otra parte, el 2004 fue un año muy triste a causa de los atentados en Madrid.

2 Escucha esta información sobre la reina Letizia y luego escribe en español un resumen de unas 90 palabras. Utiliza tus propias palabras.

Points that could be mentioned:

- Born 1972; daughter of a journalist and a nurse; two sisters, one of whom committed suicide; divorced.
- Studied Information Science and Audiovisual Journalism; studied for a doctorate in Mexico and worked on the newspaper 'Siglo XXI'; has worked on other newspapers and in television; has won various prizes including best journalist under 30.
- Married Felipe in Almudena Cathedral in Madrid in 2004; two daughters, Leonor (2005) and Sofía (2007).

Transcript

Letizia Ortiz, la reina de España, nació en 1972 en Oviedo. Es la primera plebeya y la primera divorciada en hacerse reina de España. Es hija de un periodista y de una enfermera; tuvo dos hermanas pero su hermana menor, Erika, se suicidó en 2007.

Letizia estudió Ciencias de la Información en la Universidad Complutense de Madrid y un Máster de Periodismo Audiovisual. Después comenzó sus estudios de Doctorado en México, donde trabajó en el periódico

"Siglo XXI" pero no los terminó. Ha trabajado en distintos medios de comunicación, entre ellos el diario "La Nueva España", y el periódico "ABC". Trabajó en televisión en los Estados Unidos y en España, y fue muy apreciada, recibiendo varios premios incluso Mejor Periodista menor de 30 años.

Estuvo casada durante un año pero se divorció. Como su primer matrimonio no había tenido lugar por la iglesia, las autoridades católicas no se opusieron a su nuevo matrimonio con Felipe y contrajeron matrimonio en la catedral de La Almudena de Madrid en 2004. Su primera hija, la Infanta Leonor nació en 2005 y la segunda, Sofía, nació dos años más tarde.

3a Lee este texto sobre el apoyo de los españoles a su familia real y empareja el vocabulario con su definición.

1 c   2 d   3 a   4 e   5 f   6 b

3b Traduce el primer párrafo del texto al inglés.

Suggested answer

Recently the monarchy has received record support in Spain. In just one year of Felipe VI's reign, the approval of the Spanish for the type of State established by the Constitution has reached 61.5%, a higher percentage than the 60% enjoyed by the Crown in King Juan Carlos' most buoyant times, before the crisis generated by his trip to Botswana and even better than the data produced in 2014 on the eve of the abdication, when the monarchy teetered with only 49.9% support.

3c Haz una investigación para descubrir a qué se refiere "la crisis generada por su viaje a Botsuana" y escribe un párrafo de unas 80 palabras en español describiendo lo que pasó y cómo reaccionaron los españoles.

Points that could be mentioned:

The king went on an expensive elephant-hunting trip at a time when many Spanish people were suffering due to the impact of the financial crisis and high unemployment.

The Spanish people only found out about the trip because the king was injured and had to be brought home.

There were protests from animal rights groups and the king was removed from his position as honorary president of the WWF as a result of the incident.

Popular support for the king fell after the crisis and he abdicated two years later.

4 Trabaja con un(a) compañero/a. Considera la siguiente pregunta: "¿Es necesario tener una monarquía en España hoy en día?" Considera los puntos positivos y negativos de tener una monarquía.

Points that could be mentioned:

The positive points might include the fact that historically the monarchy has brought unity to the country and smoothed the path to democracy; the king has set an example for Spain and is respected both at home and internationally; the monarch is an ambassador for his/her country and brings investment to it; he/she stands outside party politics and can step in at times of need, e.g. as Juan Carlos did during the 1981 attempted coup.

Negative points could include: nowadays the monarchy is powerless and irrelevant to a modern, democratic society with the goal of equality; it constitutes a huge expense for taxpayers; the monarch does not always set a good example (e.g. in the case of the Botswana trip).

5.3 A: Dictadores latinoamericanos

1 Entre los países latinoamericanos hay muchos ejemplos de dictaduras. Con la ayuda de Internet si quieres, empareja los nombres de los siguientes dictadores con sus países.

1 c   2 e   3 b   4 a   5 d

2a Lee este texto sobre Manuel Noriega y busca las traducciones de las palabras de a continuación (para los verbos (v), da el infinitivo).

1 sumir   2 el desmantelamiento   3 panameño/a
4 la rendición   5 la reclusión   6 blanquear dinero
7 solicitar   8 parisino/a

2b Escribe un resumen en español de 90 palabras del texto. Debes utilizar tus propias palabras.

Points that could be mentioned:

- Panama was subjected to a serious crisis due to the corrupt dictatorship Noriega established.
- The US invasion caused a lot of deaths; the armed forces were dismantled; there was economic and social chaos; Noriega was later arrested.
- He was imprisoned then released; extradited to France; extradited to Panama.

2c Traduce al inglés los dos primeros párrafos del texto, desde "El General" hasta "diciembre de 2011".

Suggested answer

General Manuel Noriega was born in Panama in 1934. In 1983 he established a dictatorship in the course of which he plunged the country into a serious economic, political and social crisis. Six years later the USA invaded the country resulting in many deaths, both of soldiers and civilians and leading to the dismantlement of the Panamanian military forces, economic and social chaos in the country and the later surrender and arrest of Noriega.

In 1992 he was put on trial in the USA and sentenced to 40 years in prison for drug trafficking, money laundering and organised crime. The sentence was later reduced to 30 years and then to 20 for 'good behaviour'. In 2008 he was being held in a prison in Miami when France sought his extradition because he had been sentenced in 2010 under French law to seven years in prison for laundering drug money. Noriega stayed in the Parisian jail La Santé until his extradition to Panama on 11th December 2011.

3a Escucha el reportaje sobre la revolución cubana y escribe las fechas de los siguientes sucesos. A veces necesitas el día, el mes y el año, y a veces solo el mes y el año.

1 El 26 de julio de 1953
2 El 8 de enero de 1959
3 Septiembre de 1960
4 Enero de 1961
5 Octubre de 1962
6 Diciembre de 2014

3b Escucha el reportaje otra vez y contesta las preguntas en español.

1 el dictador de Cuba
2 dos años
3 a México
4 con Che Guevara
5 nacionalización de los recursos del país / reforma agraria / confiscó las haciendas / confiscó las empresas estadounidenses / confiscó las refinerías de los EEUU/las compañías eléctricas de los EEUU
6 a causa de las relaciones de Cuba con la Unión Soviética
7 porque casi acabó en una guerra nuclear
8 los soviéticos retiraron sus misiles de Cuba.
9 restableció relaciones entre Washington y La Habana.

Transcript

En la isla caribeña de Cuba, el 26 de julio de 1953, Fidel Castro y sus seguidores trataron de derribar el régimen dictatorial de Fulgencio Batista. Su intento falló y Castro fue condenado a quince años de cárcel. Dos años más tarde le fue concedida una amnistía y se fue a México. Con el revolucionario argentino, Che Guevara, bajo el "Movimiento 26 de julio" Fidel Castro empezó su segundo intento y en el 8 de enero de 1959 Fidel Castro llegó a La Habana donde fue proclamado Primer Ministro.

Poco después empezó unas reformas importantes. Nacionalizó los recursos del país; inició una reforma agraria que confiscó las haciendas, y confiscó las empresas estadounidenses tales como las refinerías y las compañías eléctricas.

En septiembre de 1960 Castro estableció relaciones con la Unión Soviética y como consecuencia en octubre de aquel año, los Estados Unidos iniciaron un embargo contra Cuba. En enero de 1961 rompieron relaciones con el país.

En octubre de 1962 estalló la Crisis de los Misiles. Los Estados Unidos descubrieron que los soviéticos habían instalado sus misiles en Cuba. Fue un incidente potencialmente catastrófico que casi desembocó en una guerra nuclear. Afortunadamente los soviéticos retiraron sus armas y los Estados Unidos retiraron su amenaza de ataque.

Las relaciones entre los EEUU y Cuba siguieron siendo muy frías hasta hace poco, hasta que en diciembre de 2014 el Presidente Obama logró restablecer relaciones entre Washington y La Habana.

4 Traduce las siguientes frases.

Suggested answers

1 Es una lástima que algunos países tengan todavía dictadores autocráticos.
2 Es vergonzoso que tantas personas hayan sufrido a manos de aquellos monstruos.
3 Fue sorprendente que por fin Noriega decidiese pedir perdón por sus acciones.
4 Esperábamos que la democracia se estableciera pronto.

5 Answers will vary.

6 Answers will vary.

5.3 B: Dictadores latinoamericanos

1 **Escucha el reportaje sobre el dictador chileno, Augusto Pinochet, y decide si las afirmaciones son Verdaderas (V), Falsas (F) o No mencionadas (N).**

1 V 2 F 3 F 4 N 5 V 6 N 7 V 8 F 9 V 10 F

> **Transcript**
>
> Chile, el 11 de septiembre de 1973
>
> Augusto Pinochet, el comandante en jefe del ejército chileno, encabezó un golpe de estado que derrocó al gobierno legítimo izquierdista del presidente Salvador Allende. Según los partidarios derechistas de Pinochet el objetivo del golpe de estado fue "liberar a Chile de la opresión marxista" y restaurar la economía. El golpe de estado tuvo el apoyo de la CIA estadounidense. Como resultado del golpe de estado, Allende murió.
>
> La dictadura de Pinochet duró 17 años y se caracterizó por el quebrantamiento del sistema democrático, la prohibición de los partidos políticos y la violación de los derechos humanos. Había restricciones a la libertad de expresión y de información. También había muchas desapariciones y muertes de personas que estuvieron en contra de la dictadura.
>
> Su gobierno empezó a mejorar la economía del país, con una reducción en el gasto público y la privatización de los servicios estatales. En 1980, en un referéndum se aprobó una nueva constitución. Ocho años más tarde hubo otro referéndum para decidir si los chilenos querían continuar bajo el régimen de Pinochet. Pinochet perdió el referéndum. Empezó la transición a la democracia en Chile. El año siguiente hubo elecciones presidenciales que fueron ganadas por el izquierdista Patricio Aylwin. Pinochet siguió siendo jefe del ejército y así recibió inmunidad judicial.
>
> Sin embargo, cuando viajó a Londres en 1998 para operarse en un hospital, un juez español intentó extraditarle a España para que se enfrentara a cargos de tortura. El gobierno británico no permitió la extradición por razones médicas. Después de un arresto domiciliario prolongado en una casa lujosa en el sur de Inglaterra, volvió a Chile en 2000 donde otra vez fue puesto bajo arresto domiciliario, ahora acusado de abusos contra los derechos humanos. No obstante, no fue juzgado y murió en 2006 de un ataque cardíaco.

2a Answers will vary.

2b **Elige las tres frases incorrectas y luego corrígelas.**

The incorrect sentences are 2, 6 and 7.

2 Quiso luchar …
6 Allende decidió hablar a través de la radio.
7 Habló con voz firme.

3a **Lee el texto y busca los sinónimos de las siguientes palabras.**

1 adversario 2 se produjeron 3 derrocado
4 implacable 5 rastro 6 salir a la luz

3b Answers will vary.

3c **Haz un resumen de 90 palabras del texto de arriba. Debes utilizar tus propias palabras.**

> **Points that could be mentioned:**
> - Countries where people disappeared: Guatemala, Mexico, Peru, Bolivia, Argentina, Chile and Uruguay
> - Pinochet took power and eliminated his political rivals and opponents; many people were kidnapped from the street, tortured and interrogated; many were killed without their families knowing their fate.
> - General Videla took power in a military coup in 1976; launched a brutal campaign against those who opposed his dictatorship; more than 30,000 disappeared (students, teachers, intellectuals taken from their homes and detained; interrogated and tortured); families didn't know of their fate until after the restoration of democracy in 1983.

Repaso: ¡Demuestra lo que has aprendido!

1 **Empareja estas palabras de la unidad "Monarquías y dictaduras" con sus sinónimos.**

1 c 2 f 3 k 4 i 5 b 6 l 7 a 8 d 9 g
10 e 11 n 12 m 13 h 14 j

2 **Completa las frases con el nombre adecuado.**

1 José Antonio Primo de Rivera
2 Javier Cercas
3 Antonio Machado
4 Juan Carlos
5 Fidel Castro
6 Manuel Noriega
7 Jorge Videla
8 Augusto Pinochet

3 **Empareja las dos partes de las frases.**

1 a 2 g 3 c 4 e 5 b 6 d 7 f

4 Completa las frases, escogiendo el verbo más apropiado. ¡Cuidado! Sobran verbos.

1 nacionalizó   2 quisieron, alineara   3 fue
4 desapareciesen   5 repitan

5 Empareja el año con el suceso.

1 d   2 c   3 a   4 e   5 b

Repaso: ¡Haz la prueba!

1 Traduce el texto sobre los exiliados españoles al inglés.

> **Suggested answer**
>
> Between 1936 and 1939, the years in which the civil war took place, and during the post-war period, thousands of Spanish republicans crossed the border with France to flee from the violence which the conflict presented and the later reprisals once it had ended.
>
> The biggest wave of exiles was after the loss of Barcelona by the Republic, in February 1939. The republican exodus to France reached a total of 400,000 refugees.
>
> In the majority of cases, those Spanish refugees had to put up with harsh living conditions which got worse with the outbreak of the Second World War.

2 Traduce esta continuación del tema del texto previo al español.

> **Suggested answer**
>
> Los exiliados españoles no recibieron siempre una cálida bienvenida.
>
> En algunos casos, los refugiados fueron bien recibidos mientras que en otros fueron vistos con hostilidad e incluso internados en campos de concentración.
>
> Otros países con un gran número de exiliados españoles fueron México, Argentina, Chile y Cuba y el Reino Unido, los Estados Unidos y la Unión Soviética.

3 Escucha el reportaje sobre el Valle de los Caídos y para cada una de las preguntas, escoge la respuesta adecuada.

1 b   2 b   3 a   4 c   5 b   6 c

> **Transcript**
>
> En 1940, el día del primer aniversario de su victoria, Francisco Franco anunció su intención de construir un monumento de enormes proporciones en honor a los que habían perecido por la causa nacionalista durante la guerra civil. Fue él quien encontró el sitio que consideró más adecuado en la Sierra de Guadarrama, a unos cincuenta kilómetros al noroeste de Madrid y no muy lejos del Escorial, otro conjunto monumental de una escala impresionante.
>
> El monumento, llamado el Valle de los Caídos, que hoy en día es fuente de mucha polémica dada su asociación al régimen represivo de Franco, fue terminado hacia finales de los años 50, tras el largo y agotador trabajo de miles de prisioneros republicanos que habían evitado la pena de muerte. Se trata de una basílica excavada en la roca, dentro de la cual se encuentran las tumbas de José Antonio Primo de Rivera, el fundador de la Falange, y de Francisco Franco. También hay en su interior, una abadía Benedictina.
>
> En los alrededores de la basílica están enterradas unas 40.000 víctimas de la guerra civil de ambos bandos. En el peñasco rocoso de encima de la basílica, se eleva la Santa Cruz del Valle de los Caídos. Esa enorme cruz de granito mide 150 metros de altura y es la cruz más grande del mundo. En su base hay cuatro esculturas también de un tamaño enorme, y que representan a los cuatro evangelistas, San Lucas, San Juan, San Marcos y San Mateo.
>
> Además de la polémica que envuelve al monumento, lo que también amenaza su futuro es la necesidad de importantes reformas. El paso del tiempo, los efectos del clima y algunos defectos de construcción están poniéndolo en peligro, y las reformas necesarias para repararlo suponen una inversión considerable.

4 Answers will vary.

5 Después de leer el texto, escribe un párrafo de unas 90 palabras en español resumiendo lo que has entendido. Debes utilizar tus propias palabras.

> **Points that could be mentioned:**
>
> - because of the civil war – to keep the children safe; organised by British humanitarian groups and Foreign Office
> - Travelled by boat (*el Habana*) accompanied by teachers, doctors, nurses, priests. First at holding camp then sent to various colonies all over the UK.
> - between 7 and 15 years old; 4,000 of them; many with siblings

6 Lee este texto y complétalo, escogiendo palabras de la lista. ¡Cuidado! Sobran palabras.

1 malas   2 enfrenta   3 hogares   4 elegidos
5 atraso   6 incultura   7 insatisfecha   8 disturbios
9 impedían   10 adecuadas

7 Escribe unas 300 palabras sobre: "¿Cómo cambió España durante el reinado de Juan Carlos?" Utiliza las imágenes para ayudarte.

> **Points that could be mentioned:**
>
> - The reintroduction of democratic elections – first national then municipal.
> - The development of the tourist industry which had its beginnings under the dictatorship.
> - More involvement with the world-at-large – hosting the football World Cup and the Olympics.
> - Joining the EU and the Eurozone, and the effects of this.

8 Tres reyes de España. Utiliza tus conocimientos sobre la monarquía en España y luego discute las siguientes preguntas con un(a) compañero/a o tu profesor.

> **Points that could be mentioned:**
>
> - Alfonso was unpopular because he was a puppet of Miguel Primo de Rivera who was a dictator. His forced abdication led to the establishment of the Second Republic which lasted until the republicans lost the civil war in 1939.
> - In 1975, on his deathbed, Franco named Juan Carlos as his successor, having ignored Juan Carlos' father, who was the rightful heir as son of Alfonso XIII. He was a good king in that he re-established democracy straight away. There were a few problems in the later stages of his reign as he did not always behave appropriately (e.g. elephant hunting in Botswana); also, his daughter and son-in-law were involved in a fraud scandal. Those problems plus ill health led him to abdicate in favour of Felipe.
> - The monarchy has been modernised under Felipe. He is married to a (divorced) commoner. His challenge is to revitalise the monarchy.

6 Los movimientos populares

Introductory spread

1 Sin usar un diccionario, ¿cuántas de estas palabras reconoces? Compara tu respuesta con las de un(a) compañero/a.

manifestantes = protestors

manifestarse = to protest

levantamiento = uprising

protestar = to protest

huelga = strike

trabajadores = workers

desobediencia = disobedience

movimiento = movement

sindicato = trade union

2 Answers will vary.

3 Lee la información en "¿Lo sabías?" y decide si las frases son Verdaderas (V), Falsas (F) o No mencionadas (N).

1 F 2 V 3 N 4 V 5 V 6 F 7 N

4a Empareja el nombre del sindicato con el país hispánico donde existe. Busca por Internet para ayudarte.

1 d 2 a 3 b 4 c

4b Answers will vary.

5 Mira esta viñeta y contesta las preguntas.

> **Suggested answer (first bullet point)**
> The typical Spaniard demonstrating
> "I should take to the streets to demonstrate against the loss of rights and austerity, but they are showing a very important match between Jaén and Marbella today."

Answers to the second and third bullet points will vary.

6.1 A: La efectividad de las manifestaciones y las huelgas

1 Con tu compañero/a, compara las diferentes imágenes de las manifestaciones sugeridas por las dos fotos.

> **Points that could be mentioned:**
>
> - Students may argue that we are a democracy and should fight for what we believe in, that we have the power to change and influence our society.
> - They may argue that they put lives at risk, promote civil disobedience, set a bad example, and cause injuries to both the police and the protestors.
> - Students may have taken part in student demonstrations, anti-war protests, protests for LGBT rights, etc.

2 Lee el texto. Solo tres de las siguientes afirmaciones son correctas. Decide cuáles son.

The correct statements are 2, 3 and 5.

3 Escucha este reportaje sobre las protestas de un barrio sevillano y contesta las preguntas.

1 Estaban hartos de ver a toxicómanos que se pinchan en sus calles, donde, además, era muy frecuente ver camellos vendiendo la droga.

2 Es un negocio que está destrozando su barrio y que amenaza a la vida de sus jóvenes.

3 la proliferación de jeringuillas en los parques y las aceras

4 Los vecinos decidieron organizar patrullas nocturnas. Grabaron imágenes de todo lo que ocurre cerca de su hogar.

5 Han entregado las imágenes a la policía para denunciar estos delitos.

6 Seguirán protestando y llevando a cabo acciones para terminar con la venta y el consumo de drogas en sus calles.

Transcript

Los vecinos de un pequeño barrio sevillano están hartos de ver a toxicómanos que se pinchan en sus calles, donde, además, es muy frecuente ver camellos vendiendo droga. Decidieron actuar y salir a las calles para protestar contra un negocio que está destrozando su barrio y que amenaza la vida de sus jóvenes. Los residentes denuncian la proliferación de jeringuillas en los parques y las aceras. Estaban cansados de la situación y perdieron el miedo a los traficantes, con quienes han llegado a encararse e, incluso, a realizarles pintadas en sus fachadas para que los dejen en paz. Hace quince días, los vecinos decidieron organizar patrullas nocturnas para acabar con lo que consideran una lacra que está arruinando el barrio. Los residentes grabaron imágenes de todo lo que ocurre cerca de su hogar. En estas imágenes se ve como algunos compraban la droga desde la ventana de una casa. O como a algunos toxicómanos no les daba vergüenza consumir droga en cualquier parte. Los vecinos han entregado las imágenes a la policía para denunciar estos delitos. Insisten en que seguirán protestando y llevando a cabo acciones para terminar con la venta y el consumo de drogas en sus calles.

4a Lee el texto sobre la huelga nacional en Argentina en 2016 y decide si las frases son Verdaderas (V), Falsas (F) o No mencionadas (N).

1 F 2 V 3 V 4 V 5 N 6 F

4b Traduce el texto desde "El gobierno" a "instituciones estatales".

Suggested answer

The government of the new president of Argentina, Mauricio Macri, faces the first national strike. The strike, launched by the State Workers Association (ATE), focuses on the rejection of mass layoffs of state workers, but also calls for better pay and working conditions. Under the new government, which came to power in December 2015, staff cuts have already affected thousands of people, most of whom worked in state institutions.

5 Completa las frases con la forma adecuada de los verbos entre paréntesis.

1 hubiera despedido, habría ocurrido

2 hubieran protestado, habría empeorado

3 hubieran sido, se habrían quejado

4 hubieran hecho caso, habría tenido lugar

6 Answers will vary.

6.1 B: La efectividad de las manifestaciones y las huelgas

1 Lee el artículo y haz un resumen de no más de 90 palabras usando tus propias palabras.

Points that could be mentioned:

- People protested silently about the new 'gag law' near the Congress of Deputies.

- They think the law is repressive and represents a loss of liberty.

- The police patrolled the area, preventing access to the area nearest to the Congress.

- They placed a figure of an enormous lion with a gag over its mouth, imitating the two lions at the entrance to the Congress.

2 Escucha lo que dicen unos españoles sobre la 'ley mordaza' y anota quiénes están a favor y quiénes en contra de la ley.

In favour:

Speaker 2 (La ley es por nuestro bien y que ahora estamos más seguros. Quiero que mis hijos crezcan en una sociedad pacífica.)

Against:

Speaker 1 (Las cámaras de vídeo y las redes sociales se han convertido en el instrumento utilizado para difundir grabaciones, que han permitido en varias ocasiones captar abusos policiales y servir como prueba para la condena de los agentes.)

Speaker 3 (Es una amenaza a nuestro derecho a protestar.)

Transcript

Speaker 1

Las cámaras de vídeo y las redes sociales se han convertido en el instrumento utilizado para difundir grabaciones, que han permitido en varias ocasiones captar abusos policiales y servir como prueba para la condena de los agentes. Esta nueva ley no permitirá que esto ocurra.

Speaker 2

Es importante recordar que la ley es por nuestro bien y que ahora estamos más seguros. La policía está para proteger y servir al ciudadano y yo quiero que mis hijos crezcan en una sociedad pacífica.

Speaker 3

La 'ley mordaza' es una amenaza a nuestro derecho a protestar. Es importante que ignoremos la ley porque la protesta es un derecho de todos los ciudadanos españoles. Lo que no pueden hacer es convertirnos en delincuentes cuando estamos fotografiando lo que está pasando delante de nuestras narices.

3 Traduce al español.

Suggested answer

Una mujer de Alicante fue multada 800 euros porque sacó una foto de un coche de policía mal aparcado en una calle y la subió a Facebook. La nueva 'ley mordaza' permite multar el uso no autorizado de imágenes de las fuerzas de seguridad. Los agentes creyeron que se había atacado a su honor y que aparcaron donde pudieron porque era una urgencia. Muchos españoles piensan que el castigo fue demasiado severo. Piensan que fotografiar a la policía o tuitear sobre una protesta no es lo mismo que tomar drogas por las calles.

4 Empareja el delito, según la 'ley mordaza', con la descripción (a–e).

1 e 2 a 3 b 4 c 5 d

5 Answers will vary.

6 Mira la viñeta de abajo y discute con un(a) compañero/a.

Points that could be mentioned:

- Students may say it is to poke fun at the new law and show how Spanish people are upset that they may be losing their right to free speech.
- They should give their opinion, possibly using some of the ideas in the listening passage.
- Students may mention the right to free speech, democracy or that we need to protect the police and other citizens.

7 Answers will vary.

6.2 A: El poder de los sindicatos

1 Lee la definición de un sindicato y discute con tu compañero/a las siguientes preguntas.

Points that could be mentioned:

- It could be argued that trade unions are important to defend workers' rights, avoid discrimination and marginalisation, to protect employees or simply as support. On the other hand, some may argue that they cost employees money, can hinder progressive change and cause problems.
- Students should express their opinion on whether they would like to belong to a trade union in the future and why/why not.
- Students may name UNISON, Unite, NASUWT, BMA or any other appropriate trade union.

2a Lee el texto y busca la traducción de las siguientes frases o palabras.

1 involucrados 2 cúpula 3 la Fiscalía
4 un piquete 5 altercados 6 amedrentar
7 paz 8 polígono industrial

2b Lee el artículo otra vez y decide si las frases son Verdaderas (V), Falsas (F) o No mencionadas (N).

1 F 2 V 3 F 4 V 5 N 6 V 7 N

3 Traduce al inglés.

Suggested answer

Unions have been important in Spain for almost a century because they were born in the industrial era to protect the rights of employees of large factories. The most important trade unions in Spain are responsible for carrying out collective bargaining to ensure the welfare of workers. Aspects such as wages and working conditions are discussed with its members to find out what the opinion of the majority is and thus negotiate harder.

4 Escucha esta entrevista con Paco, el nuevo jefe de un sindicato que habla del poder de los sindicatos. Selecciona las cuatro frases correctas según lo que oyes.

The four correct sentences are 2, 4, 9 and 10.

Transcript

— Hoy estoy hablando con Paco que es el nuevo jefe del sindicato más grande en Cantabria.

— Buenos días, Paco, ¿cuáles serán tus mayores prioridades en tu nuevo trabajo?

— Yo quiero que el poder de los sindicatos crezca y se potencie más los servicios del sindicato aquí en Cantabria. Es importante dar más apoyo a los delegados sindicales e impulsar la afiliación. En Cantabria tenemos 50.000 personas que están en paro y necesitan alguien que luche por sus derechos. Es gente con nombre y apellidos que tienen que cubrir sus necesidades y no podemos mirar hacia otro lado. Tenemos que animar al gobierno para que favorezca la creación de empleo. Es más, quiero también potenciar la negociación colectiva, en la que ahora el poder está descompensado a favor del empresario.

— ¿No crees que la situación de la falta de empleo esté mejorando?

— Todavía no hemos salido de la crisis económica. Existe un nuevo grupo de trabajadores que tienen empleo pero están en el umbral de la pobreza y ellos sufren a causa de la pérdida de derechos durante los últimos años en materia sanitaria, educación o servicios sociales.

— ¿Reconoces que los ciudadanos no tienen buena imagen de los sindicatos?

— Ha habido una campaña desmesurada contra los sindicatos en España por ciertos políticos, lo que me parece injusto. Sin embargo, tenemos que admitir que no hemos sido capaces de transmitir a los ciudadanos para qué estamos y qué estamos haciendo. No hemos solucionado todos los problemas pero seguiremos intentando.

— Gracias, Paco.

5 Utiliza Internet para emparejar el sindicato con su descripción.

1 c 2 b 3 a

6 Escribe un artículo de unas 300 palabras sobre los sindicatos en España.

Points that could be mentioned:

- Spanish trade unions include CGT, UGT and CCOO.
- Eight workers from Airbus were prosecuted for taking part in a strike in 2010 but had the case thrown out. The case provoked an outcry in Spain for attempting to criminalise workers.
- Paco wants to increase the power and size of his trade union but also wants to make unions more relevant and transparent so that workers believe in them. He also wants to encourage the government to create more jobs and move power to the workers rather than big companies.
- Supporting workers' rights is very important and trade unions have the power to improve working conditions. However, trade unions also create problems when strikes are called and the general public is affected.

6.2 B: El poder de los sindicatos

1a Lee las opiniones de estos cuatro jóvenes chilenos sobre los sindicatos chilenos y busca la traducción de las frases o palabras.

1 líderes 2 se ponen de acuerdo 3 quebrar
4 lucha 5 el ámbito laboral 6 se codean con
7 se aprovechan de

1b Lee el texto otra vez. Identifica si las opiniones de los cuatro chilenos sobre los sindicatos son positivas (P), negativas (N), o positivas y negativas (P+N).

Manú: P+N Sonia: P Javiera: P Pablo: N

1c Answers will vary.

2 Traduce estas frases al español.

Suggested answers

1 Si más jóvenes se unieran a los sindicatos, serían más potentes.

2 Si fuera(s) un jefe chileno, estaría(s) preocupado por los sindicatos.

3 Si fuera una líder de un sindicato, defendería los derechos de mis trabajadores.

4   Si el gobierno de Chile ignorara a estas
      personas, habría disturbios.
5   Si estuviéramos sufriendo, querríamos recibir
      su ayuda.

- Students may mention the amount of
  corruption in Mexico or a general apathy
  people have towards politicians nowadays.
- This will depend on whether the unions receive
  good/bad press, the role of governments, etc.

3 Escucha este reportaje sobre la huelga de profesores
en Argentina. Escribe un resumen usando un máximo
de 90 palabras.

4b Answers will vary.

Points that could be mentioned:

- The strikers are protesting against low salaries
  and showing their respects to the teacher
  killed by the police.
- 97% of teachers support the strike.
- They want to stop the socio-educational
  programmes being brought to an end, a plan
  to finance primary and secondary schools,
  and for more activity centres for children and
  young people.

5 Traduce este texto al inglés.

Suggested answer

Mexicans distrust the actions of the unions as
defenders of workers' interest and have doubts
about the existence of freedom in the life of the
guilds, but a good proportion of trade union
members still believe they are democratic. The
results of a national survey show that 39% of those
interviewed believe that unions have done more to
damage workers than to benefit them, a negative
opinion which rises to 43% among trade union
members.

Transcript

Los profesores argentinos han decidido protestar contra
los bajos sueldos que cobran. Se trata de la primera
movilización del sector desde que el nuevo presidente
fuera investido el pasado 12 de enero de 2017.

A poco más de dos meses de que se cerrase el acuerdo
sobre los sueldos de los profesores, estos van a
movilizarse. Según los sindicatos educativos la huelga
ha sido apoyada por el 97% de los profesores y no solo
se movilizan por una mejora laboral (algunas provincias
argentinas llevan desde abril sin clase) sino también para
recordar al profesor Carlos Fuentealba, asesinado en 2009
por un disparo de la policía argentina.

Además, se han exigido que se evite la discontinuidad de
los programas socioeducativos, la igualdad, un plan para
finalizar los estudios primarios y secundarios y que abran
más centros de actividades infantiles y juveniles, entre
otros.

6 Answers will vary.

6.3 A: Ejemplos de protestas sociales

1a Antes de leer el artículo, empareja estas palabras
españolas con su equivalente en inglés.

1 c 2 d 3 e 4 f 5 b 6 g 7 a

1b Lee el artículo y contesta las preguntas en español.

1 Algunos niños fueron robados por la dictadura y
    fueron dejados en cualquier lugar o fueron vendidos.
2 Los niños desaparecieron.
3 Es una organización no-gubernamental.
4 Quiere localizar a las familias de los niños robados y
    crear condiciones para impedir que los derechos de
    los niños sean violados.
5 Fue un fracaso que provocó mucha angustia y dolor
    para las familias argentinas.
6 Fueron a los edificios del gobierno en busca de sus
    hijos.
7 Convocó una manifestación cada jueves para exigir
    respuestas del gobierno.
8 un pañuelo blanco

4a Mira las estadísticas sobre lo que piensan los
mexicanos de los sindicatos y discútelas con tu
compañero/a. Utiliza las expresiones claves para
ayudarte.

Points that could be mentioned:

- Students may pick any statistic which they find
  interesting.
- The main difference is that members of a trade
  union are more positive about them, although
  a high percentage believe that they have
  harmed workers.

1c Traduce los dos primeros párrafos del texto desde "Durante" hasta "todos los responsables".

> **Suggested answer**
>
> During the military dictatorship of 1976–1983 the children stolen as 'spoils of war' were registered as their own children by the same members of the forces of repression, left somewhere, sold or abandoned in institutions like human beings with no name. In this way they were made to disappear by cancelling out their identity, depriving them of a life with their rightful family and of all their rights and freedom.
>
> The Civic Association 'Mothers of the Plaza de Mayo' is a non-governmental organisation which aims to find and restore all the children who were kidnapped and disappeared during the political repression to their rightful families. Moreover, it wants to create the conditions so that such a terrible violation of children's rights will never be repeated, demanding punishment for all those responsible.

2 Traduce al español este texto. Ojo con el uso del pasivo.

> **Suggested answer**
>
> Muchos argentinos han sido inspirados por las protestas de las Madres de la Plaza de Mayo. Sus hijos a menudo fueron robados y secuestrados durante la dictadura militar. Los derechos humanos de los niños fueron violados y fueron torturados y asesinados por agentes del gobierno argentino y sus cuerpos fueron arrojados en tumbas sin nombre. A veces sus madres fueron asesinadas por estos agentes. El gobierno argentino fue condenado por muchos líderes mundiales y los militares han admitido que más de 9.000 desaparecieron, pero las Madres de la Plaza de Mayo han indicado que el número está más cerca de 30.000.

3 Mira esta foto y discute con un(a) compañero/a.

> **Points that could be mentioned:**
>
> • Students may argue that they show courage and determination in their search for the truth. They may also say they are good role models, they obviously love their children and believe in real democracy.
>
> • They may say that it is a tragedy that this has happened. They may say it is the result of a fascist dictatorship. They may also mention that it also happened in Spain.

> • Students may say that the government has a moral duty to help but may not wish to do so as it would have to admit further blame and perhaps give compensation. Some may argue there are greater, e.g. economic problems, facing Argentina.

4 Escucha este reportaje sobre Mario Bravo. En la lista (1–7) solo hay cuatro frases correctas. Escribe el número de las frases correctas.

The correct sentences are 2, 4, 5 and 7.

> **Transcript**
>
> La semana pasada fue recuperado en Argentina un nieto de la dictadura, cuya madre sobrevivió. Lo que es extraordinario es que su madre está viva. Lo normal era que los militares mataran a las madres después del parto. Hay más de 495 nietos desaparecidos y las madres nunca fueron encontradas. El hombre, que se llama, Mario Bravo ha hablado varias veces con su madre biológica aunque aún no la ha visto. Su primer encuentro será en dos días en Buenos Aires. Su madre le ha relatado los acontecimientos más duros de su vida y le cuenta que "por un milagro recuperó la libertad después de dos años en la cárcel pero siempre amenazada para que mantuviera silencio sobre lo que había ocurrido". Ahora hay más niños, hoy adultos de alrededor de 45 años, que se están animando a asistir al banco genético para intentar buscar a sus padres biológicos.

5 Answers will vary.

6.3 B: Ejemplos de protestas sociales

1a Lee el texto y pon las ideas en el orden en que aparecen en el texto.

7, 5, 1, 3, 4, 2, 6

1b Lee el texto otra vez. Haz un resumen de unas 90 palabras usando tus propias palabras.

> **Points that could be mentioned:**
>
> • Some citizens wanted to protest against corruption in politics, and because they believed they were being manipulated by the political parties and the banks. On 15 May 2011 many people wanted to fight against what was happening in Spanish society, believing politicians weren't representing them.
>
> • They collected signatures to try to change the laws or help the unemployed. They used the internet to make their movement known.

- Not only young people took part. There were no leaders as they weren't a political party.

2 Escucha este reportaje sobre el 15-M y lee el siguiente resumen del extracto. Según lo que has oído, rellena los espacios en blanco con la palabra adecuada de la lista. ¡Cuidado! Sobran palabras. Después traduce el texto al inglés.

1 eslogan 2 vuelto 3 alimentos 4 significado
5 ladrón 6 dinero 7 criminales 8 corrupción

Suggested answer

One slogan of the movement has become very popular among the protestors. It is commonplace to hear 'There's not enough bread for so much sausage!' at the protests. Bread and sausage are traditional foods in Spain which are eaten as a snack. However, the word 'chorizo' has another meaning as it can mean 'thief'. So the protestors want to say that there is not enough money in Spain for all the criminals owing to all the corruption that exists.

Transcript

"No hay pan para tanto chorizo" es un nuevo lema del movimiento 15-M que ahora se oye mucho en las manifestaciones debido a su popularidad en España. Muchos extranjeros se preguntan por las raíces de esta frase. El pan con chorizo forma parte de la comida tradicional en España que normalmente se come en un bocadillo. Además, la palabra chorizo tiene otro sentido en el castellano informal; ladrón. Así podemos entender el lema. Los manifestantes sugieren que no hay mucho dinero para todos los ladrones que corrompen la economía española.

3 Lee las opiniones de cuatro jóvenes sobre el 15-M que hablan de que si están de acuerdo con la protesta o no. ¿Quién dice cada frase? Escribe los nombres correctos.

1 Pablo 2 María 3 Sandra 4 Pablo

4 Discute con tu grupo lo que piensas de este sondeo y después discute estas preguntas.

Points that could be mentioned:

- Spaniards are fed up with the banks and bankers and the perceived amount of corruption in Spanish society. The Spanish have one of the highest unemployment rates in the EU. There have been years of austerity in Spain.

- Students may argue that this is felt in many other countries too. They may give specific examples of how cuts have affected the UK and that it is important to stand up against capitalism.

- Some may argue 'yes' if the situation was just as bad and may refer to protests in the UK. Some may say 'no' as the British have not reacted as strongly to austerity.

- Students may argue both ways – it will depend on how militant they are. Some will argue there are more important issues and there may always be corruption. Some will argue it is important to fight for a fairer society for their future and their children's future.

Repaso: ¡Demuestra lo que has aprendido!

1 Estas palabras pertenecen a esta unidad sobre "Los movimientos populares". Emparéjalas con su equivalente en inglés.

1 n 2 f 3 d 4 j 5 l 6 k 7 i 8 h 9 a 10 o 11 g 12 b
13 e 14 c 15 m

2 Empareja las siguientes palabras con sus definiciones.

1 g 2 a 3 d 4 e 5 b 6 c 7 f

3 Completa las frases, escogiendo la palabra más apropiada de la lista. ¡Cuidado! Sobran palabras.

1 bienestar 2 poder 3 protestar 4 retirarse
5 se castigue 6 inspirados 7 desaparecidos

4 Empareja el principio de cada frase con el final correcto.

1 f 2 b 3 a 4 e 5 c 6 d

Repaso: ¡Haz la prueba!

1 Traduce este texto al inglés.

Suggested answer

Sixteen years after the Grandmothers of the Plaza de Mayo denounced the 'systematic appropriation' of grandchildren who disappeared during the dictatorship, yesterday a court composed of two men and a woman agreed with them. The dictator Jorge Rafael Videla, 86, the man who ruled Argentina from 1976 to 1981, was sentenced to 50 years in prison. And his successor, after the Falklands war, Reynaldo Bignone, 84, to 20 years in prison. In total, there were 11 defendants, of whom the only woman, Inés Susana Colombo, was sentenced to five years, the lowest penalty.

2 Lee el texto de opinión de abajo y escribe un resumen. No debes usar más de 90 palabras.

Points that could be mentioned:

- There are a lot of protests due to the economic crisis and there is no political will to resolve the situation, so the country is in a state of emergency.
- 'El País' warns that it will be difficult for the opposition because its leaders are in prison, there is police brutality and not much freedom.
- Nicolás Maduro has said he is the victim of a conspiracy and that the media are distorting reality.

3 Escucha el siguiente extracto sobre la huelga de los futbolistas españoles y contesta las preguntas. No es necesario hacer frases completas para todas las respuestas.

1 Una huelga indefinida a partir del próximo 16 de mayo
2 Van a estar enfadados.
3 el pago de los sueldos que se le adeudan a jugadores y cuerpo técnico de los clubes en la Segunda División
4 No son todos multimillonarios.
5 Existe un retorno sin intermediario para los jugadores del 1% en los derechos de televisión.
6 Serviría de colchón para futbolistas más humildes, reinserción laboral o proyectos sociales.
7 organizaciones benéficas deportivas en el país

Transcript

Ayer La Real Federación Española de Fútbol anunció una huelga indefinida a partir del próximo 16 de mayo. Los hinchas van a estar enfadados ya que no se disputarán las dos últimas jornadas de Liga. El Sindicato de Futbolistas de España reclama el pago de los sueldos que se le adeudan a jugadores y cuerpo técnico de los clubes en la Segunda División. Es más, se quejan de discrepancias en el reparto del dinero de las televisiones y de las quinielas. Es evidente que no todos los que se dedican al fútbol son estrellas y por lo tanto, no son todos multimillonarios a pesar de lo que piensan algunos aficionados. En ciertos países europeos como Francia y el Reino Unido existe un retorno sin intermediario para los jugadores del 1% en los derechos de televisión, lo que se traduce en 25 millones de euros. Los futbolistas están pidiendo que se destine un porcentaje directo, que serviría de colchón para futbolistas más humildes, reinserción laboral o proyectos sociales a través de organizaciones benéficas deportivas en el país.

4a Lee el texto y busca las frases o palabras equivalentes a las siguientes.

1 estallido 2 sumar 3 diluir 4 consolidarse
5 heredero

4b Lee el texto otra vez. Solo tres de las siguientes afirmaciones son correctas. Decide cuáles son.

The correct statements are 2, 3 and 5.

5 Escucha este reportaje y luego selecciona la mejor alternativa para completar la frase.

1 c 2 b 3 a 4 b 5 b

Transcript

Miles de taxistas provenientes de toda España se han manifestado este jueves en Madrid contra la desregulación del sector propuesta por la Comisión Nacional de Mercados y la Competencia (CNMC). En opinión de los conductores, la modificación de la normativa que regula la actividad de empresas de vehículos de alquiler con conductor favorece a grupos competidores como Uber, reduce la calidad del servicio y baja los sueldos de los taxistas. La cabecera de la manifestación que han organizado los taxistas de toda España en Madrid ha llegado a las 12.40 a la sede de la CNMC, en el centro de la ciudad. Más de 2.000 trabajadores del taxi y familiares (hasta 5.000 personas, según la organización) han acudido a protestar contra la liberalización que el organismo de Competencia pide para el sector del transporte de viajeros.

6 Escucha este reportaje sobre una protesta en Sevilla y decide si las frases son Verdaderas (V), Falsas (F) o No mencionadas (N).

1 F 2 V 3 N 4 F 5 V 6 V 7 N

Transcript

Unas 2.500 personas se concentraron ayer frente a la puerta de la Plaza de Toros de Sevilla desde las seis y media de la tarde. Los participantes en la marcha contaban con el respaldo de unas 40 asociaciones y partidos políticos. Por más de una hora, lanzaron consignas en contra de los festejos taurinos. Su protesta no gustó nada a muchos de los aficionados a las corridas. Se llegaron a vivir momentos de tensión entre ambos grupos. Sin embargo, la policía impidió que la situación empeorara. Es el quinto año que se lleva a cabo esta concentración anti taurina en Sevilla y cada vez vienen más personas a mostrar el rechazo a esta tradición española. Quieren que los politicos hagan caso a la ciudadanía y den un uso a una plaza pública que no sea el de matar a animales indefensos..

7 Utilizando la información que has aprendido y las fotos, discute lo siguiente con un(a) compañero/a.

Points that could be mentioned:

- The protestors could be opposing some new law or some action of the government. Some may argue that they are practising civil disobedience and/or are just trying to cause problems.

- Students may refer, but not exclusively, to the protests mentioned in the unit such as the 'gag law', the Mothers of the Plaza de Mayo, the 15-M or the general strike in Argentina and explain what they are protesting about in each case.

- Students may argue that it is important to fight for what you believe in, to create political and social change and/or to protect civil liberties. Some may argue that it is not important as it often does not result in any significant change.

8 Traduce este párrafo al español.

Suggested answer

Tres policías españoles fueron agredidos por manifestantes violentos en una calle concurrida de Zaragoza.

Protestaban contra las medidas de austeridad introducidas por el gobierno español. Si no hubieran llegado más policías, los tres hombres habrían muerto. Lamentablemente, en los últimos años muchos españoles han sufrido debido a la crisis económica y creen que si el gobierno no sigue haciendo nada, entonces aumentará la pobreza entre las familias de la clase trabajadora. La gente está enojada y quiere que los políticos presten atención a sus problemas en vez de ignorarlos. Cinco hombres han sido detenidos debido a las protestas y ahora están en la cárcel.

9 Answers will vary.

A Level skills

1 Dosier de cine: *El laberinto del fauno*

1 Answers will vary.

2 **Éstas son técnicas que ya debes conocer. Completa los huecos con las letras que faltan. Traduce las palabras al inglés. Intenta añadir más técnicas a la lista.**

1 el vestuario = costume
2 la utilería = props
3 la banda sonora = soundtrack
4 los planos = shots
5 el maquillaje = make up
6 los efectos especiales = special effects
7 el sonido = sound
8 el montaje = editing
9 los encuadres = framing

3 Answers will vary.

4 **Empareja los temas 1–8 con los acontecimientos que los ilustran (a–h) en la obra. ¡Cuidado! Algunos de los ejemplos ilustran más de un tema.**

1 b/f 2 c/h 3 a 4 e 5 c 6 d/e 7 f 8 g

5 **Mira estos planos de la película. Escribe qué tipo de planos son y el impacto que tienen en la audiencia.**

Points that could be mentioned:

1 A close-up (*primerísimo primer plano*) of Ofelia which allows the viewer to clearly see her reaction and to see the inquisitive look she is giving to the object. It also seems more real, as if you are standing close to her. This creates a greater impact.

2 A long shot (*un gran plan general*) allows the viewer to see the opulence at the table and also centres on "el hombre pálido" as the head of the table showing his power alongside the raging fire behind, which evokes notions of the holocaust. It mirrors the scene with Capitán Vidal at the head of the table and his opulent dinner, making the audience draw comparisons between the two 'monsters'.

3 A three-quarter shot (*un plano americano*) which allows us to see the imposing nature of the faun over Ofelia. The camera is situated over Ofelia's shoulder and gives the viewer the opportunity to see the faun through her eyes.

6 Answers will vary.

7 **Esta es una sección de una entrevista con Guillermo del Toro sobre la película. Traduce su respuesta al inglés.**

Suggested answer

I think I was very interested to present the idea that those who live in an imaginary world have at the same time a great responsibility to keep alive imagination and freedom. The spiritual world or the imaginary world give us a freedom that contrasts with the precepts of the institutions who want you to simply obey. I thought that the way to make an idea like this into a story was a fairy tale, a deeply disturbing and adult story and that's where this film comes from. I've never been able to live reality separated from fantasy because it allows me to endure the countless horrible things that occur daily.

8 Answers will vary.

2 Dosier de literatura: *Como agua para chocolate*

1 Answers will vary.

2a **Lee el texto y luego busca las palabras cuyas definiciones están abajo.**

1 el trasfondo 2 los terratenientes 3 la miseria
4 carecían de 5 huyó 6 implantó 7 el sufragio
8 los campesinos 9 exigían 10 caos
11 la indemnización

2b Answers will vary.

3a **Aquí hay una lista de vocabulario que puede ayudarte a analizar varios aspectos de la obra. Cópiala añadiendo la traducción inglesa.**

1 the atmosphere 2 the author 3 the structure
4 metaphors/figures of speech 5 the narrator
6 personification 7 the protagonist 8 surrealism
9 the plot 10 the effective use of language

3b Answers will vary.

4 Answers will vary.

5 Answers will vary.

6 ¿Conoces bien a los personajes secundarios de la novela? Empareja el nombre con la descripción.

1 d 2 f 3 e 4 a 5 c 6 b

7 Answers will vary.

8 Answers will vary.

9 En una entrevista Laura Esquivel contestó la pregunta de a continuación. Lee lo que dijo y luego escribe un resumen de unas 90 palabras, en español, en tercera persona. En la medida de lo posible, utiliza tus propias palabras.

> **Points that could be mentioned:**
> - Her novel was very popular in Nordic countries
> - Readers there are put in contact with a world they are losing, due to development and modernity.
> - Readers in all countries are reminded of their grandmother's cooking and the magical space of her kitchen, despite the fact that the recipes or ingredients may be unfamiliar to them.

10 Answers will vary.

3 A: Comprehension skills for literary texts

1a Answers will vary.

1b Busca en el texto cómo se dicen las siguientes palabras.

1 podían haber sucedido 2 lamentaba 3 lo acatara
4 a la larga 5 boticario 6 empingorotado 7 pavo real
8 bullían… en la cabeza 9 un cerebro desarrollado
10 un rendajo de un jilguero
11 una boñiga de un cagajón 12 afanarse

2 Con un(a) compañero/a o en grupo discutid los siguientes puntos.

> **Points that could be mentioned:**
> - He comes from a humble family – his father is a cheesemaker. Daniel is 11 and is about to leave home to go to boarding school. He can't see the point of this as he is happy where he is. He has respect for the priest (*que era un gran santo*) and is shocked at the disrespect of Ramón.
> - He is interested in nature – he knows the names of the birds and other 'rural' things.
> - His father wants a better life for his son. He looks up to the pharmacist who is of a higher social status and wants to emulate him by sending Daniel to school in the city. (Students will have their own views on whether this is right or not.)
> - Daniel can't understand a need for any more education beyond what he has already had – he is able to read, write, etc., so what more can there be to know?
> - 'Un mochuelo' is a type of small owl. He may have this nickname because he is a wise or clever child. This could be why his father feels he should go away to school.

3 Lee el fragmento otra vez y contesta las siguientes preguntas en frases completas.

1 Es quesero.
2 Quiere que estudie el Bachillerato para progresar en la vida.
3 Preferiría no irse de su aldea que para él representa toda su vida.
4 Daniel cree que Ramón es presumido y no le gusta que critique al cura que es un gran santo.
5 Cree que ya ha aprendido todo lo que hay que saber.
6 Cree que pierden tiempo porque llevan tantos años estudiando y aun después de tanto tiempo no saben cosas obvias como la diferencia entre diversas especies de pájaros.

4 Utiliza el fragmento para ayudarte a traducir las siguientes frases al español.

> **Suggested answers**
>
> 1   El padre de Daniel quería que estudiara en la ciudad.
>
> 2   Opinaba que esto ayudaría a su hijo a progresar en la vida, como el hijo del boticario.
>
> 3   Daniel comprendió el deseo de su padre y supo que tendría que acatarlo.
>
> 4   Daniel no creía que fuera necesario pasar tantos años estudiando.
>
> 5   A Daniel le sorprendió que Ramón criticara a don José el cura, que era un gran santo.

5 Busca en el texto todos los ejemplos del imperfecto del subjuntivo. Traduce al inglés las frases en que aparecen y explica las razones de su uso.

aunque lo acatara (although he would put up with it)

Aunque usually takes the indicative but here it requires the subjunctive as it is referring to an event yet to take place.

In the following three examples, the subjunctive is required as all the situations being referred to are hypothetical – i.e. they haven't happened yet.

que su padre aspirara a hacer de él algo más que un quesero (that his father should aspire…)

el que él estudiase el Bachillerato en la ciudad podía ser (that he should study)

las palabras que don José, el cura, que era un gran santo, pronunciara desde el púlpito

(the words that don José, the priest, who was a great saint, might pronounce …)

¿Podría existir algo en el mundo cuyo conocimiento exigiera catorce años de esfuerzo …?

(Could there exist anything in the world which demanded fourteen years of effort to learn …?)

6a Answers will vary.

6b Answers will vary.

3 B: Comprehension skills for literary texts

1a Answers will vary.

1b Answers will vary.

2 Answers will vary.

3 Busca en el texto las siguientes palabras y frases en español.

1   el agua helada
2   aquellos seres originales
3   la roñosa bañera
4   las paredes tiznadas
5   un bodegón macabro
6   muebles abigarrados
7   sillones destripados
8   un misterioso susurro

4 Busca en el texto, y luego traduce, otros cinco ejemplos de sustantivos calificados por un adjetivo. Después compara tus ideas con los de la clase, y juntos elaborad una lista más larga.

Any five from:

el manchado espejo	(the stained mirror)
luces macilentas, verdosas	(well-worn, greenish lights)
el bajo techo cargado de telas de arañas	(the low ceilíng full of spiders' webs)
aquellas paredes sucias	(those dirty walls)
manos ganchudas	(hooked hands)
besugos pálidos	(pallid sea bream)
los grifos torcidos	(twisted taps)
cosas extrañas	(strange things)
el cristalino y protector hechizo	(the crystalline and protective spell)
numerosas cornucopias	(numerous candelabra)
un palacio abandonado	(an abandoned palace)
un túmulo funerario	(a grave mound)
dolientes seres	(people in mourning)
una manta negra	(a black blanket)
vocecilla temblona	(a trembling little voice)

5 Answers will vary.

6 Contesta las siguientes preguntas en frases completas y en tus propias palabras.

1   Está refiriendo a sus parientes. Se siente aliviada porque parecen extraños.

2   Está aliviada estar sola pero asustada por el ambiente – la suciedad, etc.

3   Está oscuro y lleno de muebles abigarrados. No es un dormitorio sino el salón.

4 Ambas son algo raras. La abuela es muy débil; nunca duerme, pero es cariñosa. Angustias, que es más joven, no muestra cariño pero se supone que es religiosa porque hace el señal de la cruz en la frente de Andrea.

7 Traduce al inglés la sección del texto desde "No sé cómo pude llegar a dormir aquella noche" hasta "porque la gran lámpara del techo no tenía bombillas".

> **Suggested answer**
>
> I don't know how I managed to sleep that night. In the room they gave me there was a grand piano with its keys uncovered. There were numerous candelabra – some of them very valuable – on the walls. A Chinese desk, paintings, ill-assorted furniture. It looked like the attic of an abandoned palace, and it was, as far as I knew, the living room of the house. In the centre, like a grave mound surrounded by mourners – that double row of disembowelled armchairs – was a divan covered with a black blanket, where I had to sleep. On the piano they had placed a candle, because the big ceiling light didn't have any bulbs.

8 Answers will vary.

4 Individual research project

Answers to all questions will vary.

Notes

Notes